高校心理健康教育理论与实践

白婧静　郭丽娜　王海燕◎著

线装书局

图书在版编目（CIP）数据

高校心理健康教育理论与实践/白婧静，郭丽娜，王海燕著. --北京：线装书局，2023.3

ISBN 978-7-5120-5383-0

Ⅰ.①高… Ⅱ.①白… ②郭… ③王… Ⅲ.①高等学校－心理健康－健康教育－研究－中国 Ⅳ.①G444

中国国家版本馆 CIP 数据核字(2023)第 034999 号

高校心理健康教育理论与实践

GAOXIAO XINLI JIANKANG JIAOYU LILUN YU SHIJIAN

作　　者： 白婧静　郭丽娜　王海燕

责任编辑： 林　菲

出版发行： 线装書局

地　址：北京市丰台区方庄日月天地大厦 B 座 17 层（100078）

电　话：010-58077126（发行部）010-58076938（总编室）

网　址：www.zgxzsj.com

经　　销： 新华书店

印　　制： 北京四海锦诚印刷技术有限公司

开　　本： 787mm×1092mm　1/16

印　　张： 11.5

字　　数： 226 千字

版　　次： 2023年 3月第 1 版第 1 次印刷

线装书局官方微信

定　　价： 68.00 元

前　言　Preface

面对经济全球化、政治多极化、文化多元化的国际形势，伴随着国内改革开放的不断深入，我国社会的各个领域都迎来了新的竞争和挑战。这种社会环境的变化在给大学生带来多方面发展机遇的同时，也给他们带来了更大的心理压力。当今的大学校园，已经不再是过去的“象牙塔”，大学生在校园中会面临环境适应、人际交往、情绪情感等诸多问题，如果大学生不能够处理好这些问题，就会对自己的心理健康产生不利的影响，严重者会出现心理障碍甚至心理疾病。

本书主要从理论和实践相结合的角度出发，对高校心理健康教育进行深入的分析与探究，为高校大学生开展心理健康教育而撰写。基于高校心理健康教育的目标与内容，从大学生心理健康咨询与辅导、心理健康教育队伍与工作建设、心理健康教育课程实践及心理危机干预工作实践等方面进行全面、深入地剖析并提出合理化建议。既有对心理健康教育理论的深入探析，又有实践、操作等方面的总结，内容丰富，具有针对性、实用性和前瞻性，注重实证性、定量化研究。

本书在撰写过程中，着重根据此类文件的重要精神和指示，紧紧围绕当前社会背景下大学生的心理特点，结合高等院校大学生的实际生活，在注重专业性与科普性的前提下，对高校大学生心理健康教育的问题进行了较为深入的分析以期为相关教育工作者提供有益的借鉴和合理化的建议与灵感。

本书在结构方面层次分明；在内容方面浅显易懂，具有较强的实用性。此外，著者在内容中也参考了我国部分较为权威的专家、学者的一些宝贵研究成果，在此表示诚挚的谢意。然而，由于著者的自身知识限制，有些内容难免会有谬误与不妥之处，在此谨请相关专家和深入钻研的爱好者不吝赐教。

目　录　Contents

第一章　高校心理健康教育概述

第一节　高校心理健康教育目标体系

高校心理健康教育目标是开展心理健康教育的导向和基本依据，是高校规定心理健康教育工作所要实现对学生的影响，以及心理健康教育工作所要达到效果的预想。心理健康教育的目标定位是高校心理健康教育最基本、最重要的理论问题和实践问题。从理论上说，它直接决定心理健康教育的功能、内容、原则、途径、方法和评估等，是影响心理健康教育全局的灵魂；从实践上看，它决定着受教育者应该从心理健康教育中最终得到什么，形成什么样的素质，并最终成为什么样的人。因此，科学地构建高校心理健康目标对于规范我国目前正在实施的心理健康教育实践具有重要意义。

一、高校心理健康教育目标制定的依据

（一）心理健康教育目标的制定必须以人为本

心理健康教育是最人性化的一种教育，它所关心的就是人本身，而不像其他学科侧重于自然或社会现象。因此，制定心理健康教育的目标，必须从人性出发。人性是什么？按照马克思主义的观点，人的需要即人的本性。

那么，人的最基本需要是什么？恩格斯从物质资料的角度第一次论述了社会主义社会人的需要层次。他说，在一个全新的社会制度下，通过有计划和进一步发展现有的巨大生产力，在人人都必须劳动的条件下，生活资料、享受资料，发展和表现一切体力和智力所需要的资料，都将同等地、日益充分地交归社会全体成员支配。

在马克思主义看来，人的本性就在于，他是一个活生生的具有自觉能动性的有需求欲望的人。人的一切活动无非就是为了满足生存需要、发展需要和享受需要。因此，制定心理健康教育目标必须考虑人的自觉能动性和人生在世的最大追求，以人的切身利益为出发点。从心理学意义上讲，一个人生活在这个世界上的最大追求无非可以概括为三个方面：一是和人的生存需要相对应的，即要解决好适应问题；二是和发展需要相对应的，即要解

决好发展问题；三是和享受需要相对应的，即要解决好幸福生活问题。概而言之，人生的最大追求就是心理上的适应、发展和幸福。

（二）心理健康教育目标的制定必须以教育为本

心理健康教育目标是教育目的的组成部分。教育目的具有整体性，需要分解为若干方面，心理健康教育目标是其中的一个方面，属于高校教育的一个组成部分，必须受高校教育目标、功能的制约，教育性是心理健康教育最基本的属性。

从教育目的上说，现阶段我国的教育目的就是要实施素质教育，以提高全民素质为根本宗旨，以培养学生的创新精神和实践能力为重点，造就“有理想、有道德、有文化、有纪律”的，德智体美劳全面发展的社会主义事业建设者和接班人。受教育目的的支配，心理健康教育目标就是要以培养受教育者的心理素质来为其整体素质的提高奠定基础，以促进人的心理发展来推动人的全面发展。心理健康教育的目标毫无疑问就是要定位在为受教育者的素质提高和全面发展而服务。

从教育功能上看，教育是一种有目的、有计划地促进人的全面发展，加速人的社会化的活动。心理健康教育作为这样一种活动，旨在从心理层面上塑造人、促进人和提升人。因此，心理健康教育不应定位在仅仅满足于受教育者心理上的适应、发展和学会生活，而是应该定位在使受教育者在心理上积极适应、主动发展和幸福生活。

（三）心理健康教育目标的制定要以人的心理为本

制定心理健康教育目标必须从人的心理出发。心理是人脑的机能。人脑是特殊的物质，有其独特的活动规律，心理健康教育目标的制定应该考虑科学地遵循人脑活动的规律，开发人脑的潜能。人的心理是对客观现实的能动反映。客观现实复杂多变，做到对复杂多变的客观现实的能动而积极地适应，应该是心理健康教育的应有之义。人的心理是不断发展的，呈现出一定的阶段性，心理健康教育目标就是要遵循心理发展的规律，促进其健康发展。人的心理是多种心理成分（认知、情感意志、个性等）交互作用而构成的有机系统，心理健康教育目标就是要使受教育者的心理元素优化并达到心理健康的标准。因此，心理健康教育目标要具体落实在各种心理成分的优化上。

二、心理健康教育目标体系

关于心理健康教育的目标，学术界已经进行了不少有益的探索，已经出版的较为流行的心理健康教育教材或专著均对此有不同程度的论述。纵观已有文献，目前心理健康教育目标根据不同方式可以分为不同类型，按目标的抽象性，可以分为总目标、一般目标或具体目标等；从纵向层面来考虑，纵维目标即从心理发展的层次或不同水平的角度来考察；从横向层面来考虑，横维目标即从心理素质的结构（包括认知、情感、意志、个性等）层面来构建心理健康教育的目标。

（一）心理健康教育的总目标

总目标应能反映心理健康教育的基本精神，将心理健康教育和其他教育活动区分开来，因而心理健康教育总目标就是整个心理健康教育工作最终要实现的结果。既然心理健康教育属于教育的一种形式，其总目标必须为我国的教育服务。具体地说，心理健康教育的总目标就是优化全体受教育者的心理素质，促进受教育者心理健康发展，为实施素质教育，培养德智体美劳全面发展的人才奠定心理基础。其定位是：通过优化受教育者的心理素质和促进受教育者的心理健康发展而为教育目的服务。为心理健康教育制定这样的总目标不仅在理论上顺理成章，丰富了我国教育目标的体系和内涵，更重要的是，心理健康教育总目标的实现对实现整体教育目标有着不可低估的价值。

可以说，心理健康教育总目标是一种理论性和抽象性的目标，这样的总目标是心理健康教育航船的“灯塔”，在理论和抽象意义上规定着心理健康教育的总航向，但它必须转化为可操作性的目标才有实际意义。

（二）心理健康教育的一般目标

心理健康教育是现代文明人的一个重要标志，心理健康教育的根本目标就是要全面提高受教育者的心理素质。一般目标是对总目标的分解，反映总目标的构成。根据教育目标的有关分类法，对总目标可以做进一步的分解。

具体来说，心理健康教育包括以下三个一般目标：

首先，使受教育者形成健康的心理素质。具体到高校心理健康教育，就是要使大学生的人格得到和谐发展，帮助他们正确地对待自己、接纳自己，认识自己的内在潜力，充分发挥个人潜能。

其次，要维护他们的心理健康，减少和避免对他们心理健康的各种不利影响。具体来说，就是帮助他们确立符合自身发展的积极的生活目标，培养责任感、义务感和创新精神；学会认识环境，正确处理各种人际关系，更好、更快地适应生活、工作和学习环境。

最后，根据受教育者成长发展的需要和特点，采取多种形式和方法促进他们的心理健康，提高心理健康水平。使受教育者掌握社会规范，形成良好的道德品质、积极的人生观和价值观、积极的情绪情感、坚韧不拔的意志品质，养成良好的行为习惯，使他们适应学校生活，为适应未来的社会需要在能力上和心理上做好准备。心理健康教育是每位教育工作者的任务，每项工作的开展都应符合心理健康教育的目标，为实现心理健康教育目标服务。

（三）心理健康教育的纵维目标

纵维目标即从心理发展的层次或不同水平的角度来考察。从上述心理健康教育的人的本性、教育性和心理性出发，我国心理健康教育的纵维目标可以表述为：使受教育者在心理上积极适应、主动发展和幸福生活。其中，心理上的积极适应是心育的基础性目标；心理上主动发展是心育的高级目标；而心理上的幸福生活是心育的终极目标。这样的表述贯穿了积极心理健康教育的理念，既体现了人性和教育的功能，又使得心育同其他诸育区别开来，从而揭示了心理健康教育的本质特征。

1. 积极适应

人们想要满足自己的需要，达到既定的目的，就必须适应外在环境，与外在环境保持平衡。适应就是人们与环境发生调和作用的过程。积极适应侧重于积极满足人的生存需要，做到心理上对内外环境的协调和统一。心理上的积极适应，指人在适应环境和事物时，心理各构成要素（认知、情感、意志、个性等）均处于有意识的、肯定的、活跃的和进取的状态。它不仅要适应环境，而且要改造环境；不仅是一种人生态度，而且需要相应的本领或技能。例如，学生在学习心理上的积极适应，就表现为他在认知上是积极的，由“要我学”上升为“我要学”的境界，是一种对学习材料的积极感知、积极记忆、积极思考、积极想象和积极建构，是情感上乐意学、意志上志于学、个性上好学、技能上会学的状态。这样的适应不是靠本能，而是靠教育，尤其要靠心理健康教育才能实现。心理健康教育不同于高校其他诸育的根本之处就是全方位培养和主动建构学生积极适应各种环境变化的心理品质。

外界环境（包括自然环境和社会环境）处在不断变化之中，特别是在今天，人们为了能生存或生活得更好，就必须善于适应各种各样的变化，特别是社会的急剧变化。事实上，当前大学生诸多心理问题的发生常常和不能够积极适应环境变化有关。因此，将心理上的积极适应作为心理健康教育目标具有实际意义。

2. 主动发展

所谓主动发展就是在积极适应的基础上，充分发挥个体的主观能动性，对心理潜能主动开发、对心理素质主动优化，从而使人的心理得到更快更好地发展。主动发展包括这样几层含义：发展需要充分调动个体的主体意识，需要主体自觉、积极地参与；发展是有目的、有计划的，对发展结果的憧憬往往是发展的诱因之一；发展是对心理潜能的主动开发，往往需要克服心理惰性和惯性，调动人的意志品质和积极个性品质的参与才能完成；由于主动意识的参与，主动发展是比被动发展更快的发展。心理健康教育的重要目标之一就是要培养人的这种主动性，使受教育者无论接受什么样的学科教育、参与什么样的学科活动，都伴随着主体意识，做到主动发展。

发展才是硬道理。这句话同样适用于心理健康教育。没有心理上的主动发展，一个人终将平庸一生，碌碌无为，更谈不上做出成就和自我实现。因此，将主动发展作为心理健康教育的目标之一，有利于尽早尽快地为社会主义建设培养更多的高素质人才。

3. 幸福生活

这个心理健康教育目标同马克思所说的人的享受需要密切相关。这不同于物质上的幸福生活。这里的幸福是指主观感觉上的幸福，或称主观幸福感。因此，“幸福生活”展开来说就是“在主观上感觉幸福地活着或从事为生存和发展而进行的各种活动”。这个命题本身就体现了主观和客观的统一，体现了主观对客观的意识能动性，如果生活是幸福的，主观上意识到了这种幸福，他就会感到幸福；如果意识不到，他就不会感到幸福。如果生活是不幸的，他意识到了可能会产生两种情况：若他是悲观型解释风格，就会感到不幸和痛苦；若他是乐观型解释风格，就会尽量减少不幸或痛苦感，甚至笑对人生的不幸，在不幸中看到发展的机会。一个人能否幸福地生活，体现着他的综合心理素质，是一个人心理健康与否的最终体现，也是一个人心理健康的最高境界。

（四）心理健康教育的横维目标

心理健康教育的横维目标是上述纵维目标的具体化。从心理健康的横维结构上看，心理健康教育的纵维目标可以分别在认知、情感、意志、个性、人际关系等方面得到实施，而且每个方面又可以用纵维目标来做出不同的要求，这是心理健康教育目标心理化的具体表现。

1. 高校心理健康教育的认知目标

认知是心理学中的一个普通术语，它包括各种认识形式，如：感知、记忆、想象、思维等。通常人们把它当作是构成人心理过程的一个方面，即简称“知”，与“情”“意”相提并论。

（1）认知的积极适应目标

在认知上，要避免观察的盲目性、片面性，做到观察的目的性和全面性；避免记忆的模糊性、无序性，做到记忆的精确性和有序性；避免想象的被动性、单调性，做到想象上的主动性和丰富性；避免思维上的定势或刻板，做到思维的灵活与机动；避免注意力不集中、精力分散，做到注意力集中、精力旺盛。对于大学生来说，积极适应的认知品质主要体现为积极认真的学习态度，掌握高效学习的认知策略和方法。

（2）认知的主动发展目标

在认知方面，不仅要求达到积极适应，还应该使受教育者开发智力和创造力，帮助受教育者不断提高和挖掘积极的认知品质，改善注意力、观察力、记忆力、想象力、思维力和创造力，增进自我效能感；积极认识人与人之间的智力差异，使受教育者了解、认识优势智力，并鼓励、支持受教育者充分发展优势智力，寻找适合自己的发展方向、发展途径和发展领域。

（3）认知的幸福生活目标

使大学生发现美、欣赏美、创造美，正确认识幸福，具备感受幸福的素质，培养大学生感受和创造幸福的能力；使大学生以学为乐，欣赏学习过程，享受教育乐趣，培养“游于艺”、乐而知之的境界。

2. 高校心理健康教育的情感目标

情感是人对于客观现实态度的体验，情感教育是以培养大学生积极成熟的情绪和情感为主要目的的教育。对受教育者个体而言，一方面，认知和情感的发展是紧密相关的；另一方面，情感教育能促进大学生的心理健康，使其潜力得以充分发挥。情感教育既能通过培养大学生的情绪、情感的控制能力来预测心理和行为问题，也能成为矫治大学生心理和行为问题的突破口。因此，作为高校心理健康教育的重要成分，情感教育的目标主要包括培养受教育者的社会性情感品质和增强其情感调控能力。情感目标根据纵维目标做出不同要求，具体表现在：

（1）情感的积极适应目标

在情绪上，要避免冷漠、冲动、紧张、焦虑、抑郁嫉妒、喜怒无常等不良情绪，做到学会和善于情绪认知和情绪识别，情绪表达和情绪理解；学会情绪主导和情绪平衡，情绪控制和情绪宣泄，情感发展和情感培养。

（2）情感的主动发展目标

培养受教育者爱祖国、爱集体、爱人民的高级社会情感，培养对人的关爱、情爱、友爱等；培养爱科学、爱知识、爱真理等求知情感；培养爱岗敬业的职业情感；注重义务感、责任感、成就感和荣誉感的培养；关注人的美感、愉快感与幸福感的培养；强化受教育者的情绪智力和情商培养，帮助受教育者形成对情绪的主动控制和调节。

（3）情感的幸福生活目标

侧重增进大学生的主观幸福感，提高生活满意度，促进大学生的沉浸体验，即投入到一种活动中去而完全不受其他干扰的影响，这种体验是如此让人高兴，使人可以不计较任何代价与付出，人们完全出于对事物本身的兴趣而去从事。

3. 高校心理健康教育的意志目标

意志是自觉地确定目的，根据目的支配、调节行为，从而实现预定目的的心理过程。培养良好的意志品质，是高校心理健康教育的重要目标。高校心理健康教育的意志目标是帮助大学生提高承受挫折的能力，培养良好的意志品质。

（1）意志的积极适应目标

在意志上，要避免易受暗示性和武断性、优柔寡断和草率决定，动摇性和执拗性、易冲动和感情用事，做到意志的独立性、果敢性、坚毅性和自制性。

（2）意志的主动发展目标

培养大学生主动制订活动计划，在活动中既能尊重事物的客观规律，又能虚心听取别人合理的建议，为了实现合理的目的，能主动、自觉地遵守纪律，克服困难，提高挫折忍受力和恢复力。

（3）意志的幸福生活目标

培养大学生坚持不懈地培养正当爱好和追求正当幸福，体验奋斗之乐。

4. 高校心理健康教育的个性目标

个性一词来源于拉丁语 persona，其意是指古希腊、罗马时代喜剧演员在舞台上戴的假面具，它代表剧中人的身份。心理学家们沿用至今，把一个人在人生舞台上扮演角色的种种行为和心理活动都看作是个性的表现。换言之，对个性的注释是“指一个人的整个心理面貌，是具有一定倾向性的各种心理特征的总和”。高校心理健康教育的个性目标可以概括为促进社会适应和完善个性品质。具体表现为：

（1）个性的积极适应目标

在个性上，要避免孤僻离群、粗鲁狂妄、畏缩自卑、自由散漫、逃避责任等不良个性品质，培养学生自主、自信、自制、自立、自强、负责、利他、真诚等优良个性品质。

（2）个性的主动发展目标

着重培养大学生充满乐观和希望的个性品质；树立自尊和自信，完善积极人格，挖掘人格中的积极力量。具体说来，人格中的积极力量包括对世界的好奇和兴趣以及爱学习、创造性、判断力、批判性思维和开放性思维等。

（3）个性的幸福生活目标

培养乐观豁达的积极人格。在休闲生活方面，积极、主动地寻找并享受健康有益的各种活动。

5. 高校心理健康教育的人际关系目标

除了以上四种心理结构的成分来阐述心理健康教育的横向目标外，我们还应该注意受教育者的人际关系的培养，这也是高校心理健康教育的一个重要组成部分。人际关系是人与人之间由于交往而建立起来的一种心理关系，它反映了个人或群体寻求满足其社会需要的心理状态，表明了人们在相互交往过程中关系的深度、亲密性、融洽性和协调性等心理方面联系的程度。人际关系的好坏对其心理健康有重要作用，大学生处理各种人际关系的能力直接体现了其心理健康水平。因此，与人际关系有关的心理健康教育就显得非常重要。

（1）人际关系的积极适应目标

在人际关系上，要避免恐惧、敌意等心理，做到善于交往，在交往中保持独立，不卑不亢，尊重、信任、宽容、理解他人，能在集体中与人和谐相处。

（2）人际关系的主动发展目标

培养大学生主动建立和谐的人际关系的意识和能力，使其能够积极主动地交往、沟通并积极有效地处理沟通交往中的心理障碍，积极主动地培养和谐的亲子关系、师生关系和同学关系等。

（3）人际关系的幸福生活目标

使受教育者为能善于利用人际关系的资源而自得其乐。

应该指出的是，心理健康教育目标是一个概括化程度很高的集合概念，其内涵应该是一个完整的体系。本书是从宏观的角度来论述心理健康教育目标定位、微观上的心理健康教育目标。诸如各级各类高校的心理健康教育目标、不同年龄段的心理健康教育目标、具体心理健康教育课程目标和教学目标等均属于心理健康教育目标体系的范畴，微观上的心理健康教育目标只有和宏观上的心理健康教育目标相结合并接受后者的指导才能坚持正确的方向，真正发挥心理健康教育目标的指向功能。

第二节　高校心理健康教育的内容

我们将心理健康教育的纵维目标界定为积极适应、主动发展和幸福生活，心理健康教育的内容是为目标服务并受目标制约的。因此。本书将心理健康教育的内容概括为三大方面：积极适应型心理健康教育、主动发展型心理健康教育和幸福生活型心理健康教育。

一、积极适应型心理健康教育

（一）学习上的积极适应

按照积极心理健康教育的观点，学习上的积极适应最重要的是要提升学生的学习力。自学习力概念提出以来，学者们对学习力的构成要素形成了不同的认识，学习力可以分为组织学习力和个人学习力。

就个人学习力来说，人们一般倾向于认为学习力就是一个人的学习动力、学习毅力、学习能力的总和。另外一种观点与此大同小异，认为学习力就是团队或个人的知识获取动力（学习动力）、知识获取能力（学习能力）、知识内化能力（知识吸收）、知识外化能力（知识运用）的总和。它实际上是人们吸收知识和运用知识并改变工作、生活状态的能力。学习力主要包括知识获取动力、知识获取能力、知识内化能力和知识外化能力等要素。知识获取的动力即为学习动力，学习动力源于人们的学习动机。知识获取能力即顺利完成学习活动所必需的心理特征，它反映了人们完成学习任务的可能性，具体可表现为人们对知识获取的有效学习方法、良好的学习习惯和学习效率。知识内化能力即人们对知识记忆、吸收、思考、消化的可能性。知识外化能力即人们根据情境灵活运用各种所学知识，转化成财富并进一步创造知识的能力，表现为人们对知识的应用、复制和创新。

可见，学习力是学习动力、学习毅力、学习能力和学习创新力的总和。

（二）人际关系的积极适应

人际关系是人们为了某种需要通过交往形成的人与人之间相对稳定的心理上的关系，主要表现为心理上的远近、亲疏和厚薄。人们很在乎同周围人的人际关系。所谓人际关系的积极适应，即积极、主动、乐于、善于建立并维持和谐的人际关系。作为大学生来说，就是要做到对师生关系、亲子关系、同伴关系和异性关系均能够良好地适应。

教会大学生积极适应人际关系离不开对大学生进行人际关系的教育与辅导。人际关系的辅导与教育又称社交辅导或人际交往教育，是指运用有关心理健康教育的理论和技术，指导大学生的人际交往过程和人际交往活动，借此增进大学生的人际互动和社会适应，克服人际交往障碍，提高人际交往质量，进而促进大学生人格成长和成熟的一种教育活动。大学生的社会交往和人际关系对他们的成长至关重要，人际关系的好坏对其心理健康有重要作用，他们处理各种人际关系的能力直接体现了其心理健康水平。因此，与人际关系有关的心理健康教育就显得非常重要。人际关系中的种种不协调现象，往往会使大学生产生偏激行为，影响学习，人际关系的障碍还会导致心理健康问题。因此，高校心理健康教育要教给大学生人际交往的技巧和能力，使他们学会交往、合作，懂得尊重、理解、信任和宽容别人，增强人际协调能力，减少人际冲突，促进人际和谐。

从心理健康的角度来看，人际关系包含四种成分：个性成分、认知成分、情感成分和行为成分。据此，人际关系的辅导和教育的内容也要紧扣这四个方面来进行。

在个性方面，要加强个性修养。一般来说，个性上正直诚实、豁达大度、谦和热情的人，人际关系较为融洽；反之，虚伪滑头、心胸狭隘、猜忌多疑的人，不容易搞好人际关系。因此，加强人际关系方面的个性修养，对于搞好人际关系至关重要。

在认知方面，要使大学生掌握有关知识、调整认知结构和克服人际偏见。第一，要使大学生掌握有关人际交往的知识。第二，要善于调整认知结构。第三，要克服人际偏见。

在情感方面，要主动、亲切、热情。做到真诚地关心他人，要尊敬师长、爱护同学、热情助人。对人冷酷的人不可能有良好的人际关系。

在行为方面，一要学会交往技能。诸如聆听的技巧：耐心聆听、虚心聆听、会心聆听；谈话的技巧：选择话题、讲究对话、转移话题等；言语交往技巧：服饰技巧、目光技巧、体势技巧、声调技巧、距离技巧等。二要学会调适策略。要指导大学生对人际交往中出现的种种心理问题学会调适。

（三）应考、就业的积极适应

考试是教学评价的方法之一，作为检查学生基本知识、基本技能掌握情况和能力形成情况的一种手段，考试是教学过程的重要组成部分。对教育管理部门来说，考试是评估教学质量、检查教学效果和考核教师业绩的重要依据；对教师来说，考试是获得教学反馈信息、了解学生学习情况和检验教育教学效果，以便能更好地总结教学经验和改进教学工作的有效方法；对学生来说，考试是了解和检验自己的学习状况，明确努力方向、调整学习计划及激励进取精神的必要手段。

应考的积极适应就是要正本清源，恢复考试的本来功能，使学生正确对待考试，以坦然的心态对待考试。然而，要真正做到，绝非易事。许多学生在面临考试，特别是和升学、择业密切相关的重大考试时，常会出现诸如焦虑、恐惧一类的应试心理问题。正因为这样，做好应试心理指导，也是高校心理健康教育不容忽视的内容。应试心理指导的内容颇多，但至少应包括：考前复习心理指导、克服考试焦虑的心理指导、应考方法心理指导、考试后归因指导（内因或者外因）、应试期的身心保健（复习阶段的身心保健、考试时的身心调节和考试矛盾的身心保健）等。

二、主动发展型心理健康教育

建构主义认为，学生积极的心理品质是可以主动建构的，心理健康教育的重要内容之一就是要充分发挥学生的主观能动性，培养学生积极的心理品质，这是心理健康教育的发展性目标所要求的，也是心理健康教育所追求的最高境界。主动发展型心理健康教育主要包括以下内容：

（一）主动建构积极的认知品质

所谓主动建构积极的认知品质，就是要树立建构主义的理念，积极主动地培养大学生感知、记忆、思维、想象等方面优良的心理品质。研究发现，人有多种智力，如：语言智力、数学逻辑智力、音乐智力、空间智力、运动智力、人际智力、自知智力、自然认知智力等。承认人与人之间的智力差异是一种勇气，更是一种科学态度。从积极方面认识人与人之间的智力差异，认识不同的人有不同的优势智力，主张"扬长"。建构积极的认知品质即重视一般智力的开发与培养，帮助人不断提高自己的注意力、观察力、记忆力、想象力和思维的创造力，更注重人固有的智力优势，在帮助人了解、认识自己优势智力的前提下，鼓励、支持人充分发展自己的优势智力，寻找适合自己的发展方向、发展途径和发展领域。

（二）主动建构积极的情绪或情感品质

1. 积极情绪或情感的基本内涵

积极的情绪和情感体验是积极心理学关注的重点内容之一。积极情绪体验是从主观体验上主要探讨人类的幸福感、满意感、快乐感，建构未来的乐观主义态度和对生活的憧憬，与此同时，也对积极情绪与身体健康的关系进行了探索。

积极情绪是人们进行正性的、积极的行为和内心活动时的情绪状态。个体积极情绪水平不仅是心理健康的体现，而且对心理健康发挥着重要的维护和改善功能。人的情绪或情感涉及生活的各个方面，相应的教育内容是丰富多彩的。如：培养人的爱憎情感，包括个人与社会间的爱祖国、爱集体、爱人民等；个人与他人之间的关爱、情爱、友爱等；个人与求知间的爱科学、爱知识、爱真理等；个人与事业间的爱职业、爱事业、爱劳动、爱岗位；注重义务感、责任感、成就感和荣誉感的培养，使人能够正确处理个人与社会、个人与他人的关系；培养人的美感、愉快感与幸福感，通过美感、愉快感、幸福感的培养与熏陶，人不仅能感受到生活的情趣，而且能够把握人生的意义；重视情商培养，帮助人形成对情绪的知觉、评估和表达能力，认识和分析情绪产生原因的能力，理解复杂心情的能力，对情绪进行有效调节的能力，等等。

2. 积极情绪的主要功能

目前，学术界还没有对积极情绪这个概念取得一致的看法，只是对和学生的学习关系密切的情绪——学业情绪的功能有不少研究，取得了一些共识。

（1）积极学业情绪能够促进认知

传统观点认为，消极情绪会影响个体的注意力，进一步还会影响个体的认知资源，但最近也有学者通过实证研究发现，积极情绪同样也会产生影响。研究者根据学习任务的相关程度将情绪分为外在情绪与内在情绪。外在情绪是指与任务情境、他人或个体自身有关的情绪；内在情绪是指与任务本身的性质和处理任务的过程有关的情绪。

（2）积极学业情绪有助于自我调节

自我调节学习也就是说，个体以灵活的方式对自己的学习进行计划、监督和评估。它是一种良好的学习能力，也是一种有效的学习方法，可以提升学生的学习效率，从而提高学业成绩。以往研究表明，学业情绪会影响自我调节学习的多种认知机制和激励机制。

（3）积极学业情绪有助于掌握良好的学习策略

有研究发现，积极学业情绪（除了放松之外）有助于灵活地、有创造性地使用学习策略，消极学业情绪对灵活地且有创造性地使用学习策略会产生消极影响，但是这种影响较小且持续性不强，高唤醒的情绪比低唤醒的情绪影响更大，而且消极学业情绪与刻板的复述策略存在正相关。

（4）积极情绪能提高应对压力的能力

比其他人更容易产生积极情绪的人被称为弹性个体。弹性个体会从压力和消极情绪体验中迅速有效地恢复，并灵活地改变以适应环境，就像弹性金属那样伸缩、弯曲，但却不会损坏。采用高压力性任务来诱发被试者的消极情绪，发现高心理弹性的个体在压力性任务前和任务中，有着更多的如愉快、兴趣这样的积极情绪存在。

（三）主动建构积极的意志品质

所谓主动建构积极的意志品质，一要注意培养意志的自觉性，帮助人力求使自己的行动具有合理的目的和高尚的社会价值，在活动中既能尊重事物的客观规律，又能虚心听取别人合理的建议，为了实现合理的目的，能自觉地遵守纪律。二要培养意志的独立性，善于独立思考，坚持真理，充满自信。三要培养意志的果断性，在生活和社会活动中善于观察事物的发展变化，掌握信息材料，通过分析比较，去伪存真，明辨是非，迅速而坚决地做出决定，停止或改变已经执行的决定。四要注意培养意志的坚毅性，能长久地坚持学习和工作，遇到任何艰难险阻都不会气馁，遇到任何挫折都不会灰心，具有一种百折不挠的精神。五要注意培养意志的自制力，能克服自我方面的担心、羞涩、恐惧等情绪的冲动或干扰，以及疲劳、负担过重、知识和能力不足等障碍；即使遇到失败和挫折，也能忍受各种痛苦和折磨，冷静地分析挫折原因并坚强地对待挫折。

（四）主动建构积极的个性品质

心理学中的个性概念与日常生活中所讲的“个性”有所不同。在日常生活中，人们往往认为一个“倔强”“要强”“坦率”“固执”的人很有个性；而“文雅”“平和”“斯文”“柔弱”的人没有个性。这种看法是不对的，至少说是不全面的。其实，在心理学上，这正是两种人所分别具有的两组不同的个性，它们都是在一定的遗传的基础上，经过后天不同的生活和实践的磨炼而形成的、带有倾向性的个体心理特征，是一个人区别于其他人的精神面貌或者心理特征。然而，由于前者个性特征比较鲜明、独特，而后者比较平淡而不鲜明，往往不容易给人留下深刻的印象罢了。由此可见，不管是哪一种倾向性的个性特征，不管这种特征是鲜明的还是平淡的，它都体现了一种个性。心理特征人人都有，精神面貌人人不可缺少。从这种意义上来说，世界上不存在没有个性的人。

个性对于一个人的活动、生活具有直接的影响，对于一个人的命运、前途有直接的作用，对于一个人的心理健康与否至关重要；良好的个性既是心理健康的核心内容，又是心理健康的重要标志。

三、幸福生活型心理健康教育

幸福的主观性很强，不同的人有不同的理解，很难对幸福进行明确的界定。目前，多数心理学家从人的主观精神层面去探讨幸福，并将这种主观感受到的幸福称之为主观幸福感。大家比较公认的观点是，幸福与多种心理因素相联系，包含幸福的感情、需要、认知和行为等诸多因素。幸福是人类的追求，古今中外的思想家从不同的角度对幸福进行研究，提出了各种各样的幸福观。

我们这里所说的幸福生活型心理健康教育是指运用心理学的理论和方法，对个人学习和工作之外的生活，诸如休闲、娱乐、消费、健康、日常生活和社会时尚等进行指导和教育，通过培养个体健康的生活情趣、乐观向上的生活态度和良好的行为习惯，帮助个体感知、体验和创造幸福生活，学会享受生活，提高生活质量，增强个体的主观幸福感，以促进学习和工作效率的提高，以及促进个性的健康发展。幸福生活型心理健康教育包括的内容和层面很多，我们侧重从以下几个方面进行阐述：

（一）休闲幸福教育

休闲活动是人们生活中不可或缺的重要组成部分，是人的社会化的重要组成部分，对人的素质培养、人格和价值观的形成及心理健康都有不可忽视的影响。休闲幸福教育就是指运用有关心理健康教育的理论和技术，帮助确立正确的休闲观念和态度，获得必备的休闲知识和技能，学会选择安排有益的休闲活动方式，从而使自己获得充实丰富的休闲生活，以提升生活品质、增强主观幸福感的教育。

就高校来说，休闲幸福教育的内容要从以下四个方面入手：

1. 培养树立正确的休闲意识和科学休闲观

正确的休闲意识是搞好休闲教育的前提。休闲教育的重点在于让人意识到休闲是生活中的重要组成部分，是个人提升生活质量的整体活动，明确自我休闲意识的意义，以及正确理解工作、学习及休闲之间的辩证关系。将“休闲”与“游手好闲”“玩物丧志”等同，是一种误解，是把休闲的价值完全给抹杀了，休闲不是一般的消遣、娱乐和休养，而是为了恢复身心健康，重新创造生活的一种活动。

休闲的本质是自由。如果休闲时间能够合理地利用，休闲就能进一步丰富人的生活，促进人的发展和社会进步；相反，滥用闲暇时间将损害身心健康，扰乱家庭和谐，降低工作效率，并破坏其公民意识。大学生在进行休闲生活方式选择时，要懂得选择符合自己价值和社会价值观的休闲方式，以真正发挥休闲活动的正面促进作用。

2. 适当开设休闲方面的选修课、讲座

高校应充分利用休闲时间适当开设一些选修课，如文学艺术、人格修养、历史、哲学、心理学等。根据当前大学生关心的热点问题及思想存在的一些现象，组织校内外专家学者进行有针对性的专题讲座。通过教育使大学生获得休闲技巧，培养休闲鉴赏力，以使他们现在和将来的自由时间能很好地被利用。同时，还可举办各种知识技能培训班，如：计算机培训班、英语培训班、公关礼仪培训班、书法美术、健康歌舞培训班等，既能丰富大学生的休闲内容，又能让其多学一门技能，也有利于养成良好的休闲习惯，在健康的休闲中发展自我，实现自我，促进身心健康。

3. 社团组织开展丰富多彩的校园活动

大学生社团应在校学工部、团委的指导协调下，借助校园文化设施和文化活动载体，充分利用和发挥社会文化设施与大众传媒，开展健康高雅、丰富多彩的学术、文艺、体育、实践等社会活动，如理论学习型社团、学术科技型社团、社会公益型社团、社会实践型社团等，以充实大学生的课余时间，并给大学生提供展示青春风采和鲜明个性的舞台，激发大学生素质培养和锻炼的兴趣，提高闲暇生活的水平和能力，促进大学生身心全面发展。

4. 进行社会实践活动

利用休闲时间组织大学生参加社会实践，在老师指导下，大学生深入实际，了解社会，认识国情，既可动脑，又可动手，能使大学生开阔视野，增长才干，提高觉悟，转变思想，如参加支农劳动、支教活动、社会公益活动等。通过这些社会实践活动，大学生能在良好的社会评价舆论中看到自身的价值，在帮助他人的过程中感受到快乐，对培养积极向上的人生观和自信心有很大的作用。

（二）幸福能力培养

唯物主义哲学家费尔巴哈认为，一切的追求，至少一切健全的追求都是对于幸福的追求。在现实生活中，人人都向往和追求着幸福，但追求幸福未必就能获得幸福。幸福是一种能力，无论获得幸福还是感受幸福，都需要能力，而这些能力并非与生俱来，需要培养和教育才能逐渐形成。幸福心理健康教育的重要任务，就是培养学生理解、感受和创造幸福的能力。

1. 个体理解幸福的能力及其培养

理解幸福的能力就是具备正确的幸福观，不断充实正确的关于幸福内涵的能力。对于幸福，不同的人有不同的理解，同一个人也会因时、因地、因位的变化而产生不同的体验。由于人们的经济地位、生活经历、文化背景、思想倾向、个性品质、身体状况等的不同，所形成和持有的幸福观也不相同，对幸福的内涵有着五花八门、难以尽数的理解和体会。

2. 个体感受幸福的能力及其培养

感受幸福就是能够发现幸福，感觉到值得珍视与回味的东西，体验和品味到快乐、惬意、宽慰，产生各种各样舒适的感觉。面对同样的一件事或相同的境遇，有的人感觉很幸福，有的人感觉很平淡，有的人甚至会感觉到不幸福。之所以会有不同的感受，除了受到不同的个体身心发展的特殊性，以及不同的人生观和人生阅历影响等原因之外，还有一个重要的原因，就是人们感受幸福的能力有强有弱。

当今，虽然很多大学生拥有了优越的生活条件和良好的学习环境，但一些大学生却对人生的方向和生活的意义一片模糊，以至产生消极悲观的情绪，甚至产生较为严重的心理障碍。这种身在福中不知福的现象，原因可能是多方面的，但其感受幸福的能力很差也是一个重要的方面。

3. 个体创造幸福的能力及其培养

人人都可以成为自己幸福的建筑师。创造性是人本质力量的体现，也是自由及幸福的源泉，创造幸福的能力和人的创造性紧密相连。人类的幸福不是既定的存在，而是现实的创造活动。

（三）享受教育：把学习和工作当作一种享受

享受可分为消极享受和积极享受。一味地吃喝玩乐甚至玩物丧志的享受是消极享受；注意挖掘学习、人际关系和工作中的享受资源，以适当的娱乐来调节身心，或将学习和工作本身作为享受，这样的享受是积极享受。享受教育旨在克服消极享受，提倡和培养积极享受。

享受教育和艰苦奋斗教育不仅毫不冲突，而且相辅相成，相得益彰，是对立的统一。相对于艰苦奋斗来说，休息、吃喝、娱乐是享受，没有这样的享受来再生或恢复精力，艰苦奋斗也就成了空话。这正如伟大导师列宁所说，不会休息的人就不会工作。我国成语中的“劳逸结合”“文武之道，一张一弛”，以及西方谚语“只工作不玩耍，聪明的杰克也变傻”等，讲的都是这样的道理。反之，相对于享受来说，勤奋学习、刻苦努力、殚精竭虑、日夜奋战是艰苦奋斗，没有这样的艰苦奋斗过程及其结果，就不会有奋斗的乐趣和奋斗成功所带来的精神享受。

享受教育和目前有些高校已经开展的挫折教育从表面上看是对立的，实际上二者并行不悖，殊途同归。挫折教育是教育大学生正确对待挫折，提高挫折容忍力，进而提高大学生意志品质的一种心理教育。它一般是针对那些面对挫折和不幸已经产生了消极情绪的大学生而定的，是一种补救性教育，重在预防心理疾病。而享受教育是一种提高大学生的情绪指数，使其情绪“锦上添花”的教育，属于发展性教育，重在优化心理素质。两种教育的目的都是促进大学生的心理健康。

第三节　高校心理健康教育的模式与路径

一、高校心理健康教育的模式

（一）我国心理健康教育模式的探索

目前，就全国而言，还没有形成一套可以广泛借鉴的模式。为了满足心理健康教育实践的迫切需要，教育学、心理学工作者提出了一些心理健康教育模式的设想，一些地方也在实践中摸索出了富有特色的模式，可作为开展心理健康教育工作的参考。

从心理健康教育作为一种活动本身所采取的手段来看，目前我国高校的心理健康教育的模式主要有以下几种：

1. 课程或专题讲座模式

我国的大学基本都开设了心理健康教育课程。大学的心理健康教育课程为选修课，目前已有专家呼吁，将心理健康教育课程作为大学的公共课。除了开设专门的心理健康课程外，也有不少高校举办心理健康教育的专题讲座。心理健康教育专题讲座是大学生喜闻乐见的一种形式，每次讲座可根据受教育者和教育工作的需要，选择合适的专题内容进行。如：升学考试前举办“怎样克服考试焦虑”，新生进校后举办“如何适应新环境”“异性交往的技巧”，毕业前举办有关“就业和求职心理”等专题讲座。这些讲座的内容都是大学生最关心的问题，受到他们的欢迎。

2. 辅导模式

在心理健康教育中，辅导模式是经常采用的一种形式，包括学习指导、升学指导、就业指导等不同内容。例如，学习指导是帮助大学生实现教育的价值，以教材为媒介所进行的各种活动。它包括如何安排学习内容、对学习方法进行辅导、学习成绩的评估及其反馈等，其中学习策略和学习方法的指导是大学生最需要的。还可以通过心理测试、建立心理档案等手段，对学生个体的能力、性格、家庭背景、经历、身体素质等进行综合考查，为他们将来的发展提供指导和帮助。它也可以分为发展模式和社会影响模式。发展模式主要是针对高校心理健康教育而言的，具体指高校心理健康教育应遵循大学生心理发展的一般规律，针对大学生在不同发展阶段所面临的任务、矛盾和个别差异，促使其心理矛盾得到妥善解决，心理潜能获得有效发挥，个性和谐发展。社会影响模式是指在心理健康教育中，教育者应依据社会心理学关于人际交往和社会影响的原理，注重社会文化背景、社会角色、性别差异、价值观念、民族习俗、个性倾向等多种因素对教育对象的影响，以及高校、家庭、社区等社会环境对教育效果的影响，以便更好地达到心理健康教育的效果。

3. 咨询模式

定期开展心理咨询是心理健康教育的一种有效手段，能及时解决心理和行为问题，为教育者和干预措施的制定提供参考意见。心理咨询的原意是指对人们，特别是心理失常的人，通过心理咨询的程序和方法，使其对自己和环境有一个正确的认识，以改变其态度和行为，并对社会生活有良好的适应。受咨询者包括遇到心理问题的正常人和有心理障碍者。在经济发达地区，绝大多数高校、社区都配备有专职或兼职的心理咨询人员，定期开展心理咨询和心理治疗活动。

4. 治疗模式

治疗模式指辅导员站在医学的立场上，对心理异常的教育对象给予严格的心理诊断和耐心的心理治疗，并注意发挥他们在治疗过程中的积极作用，减轻心理压力和精神痛苦，使他们的心理功能得到恢复和协调。治疗模式的理论来源很广，主要还是受精神分析、行为主义和人本主义心理学的影响。弗洛伊德的精神分析学说为治疗模式奠定了最初的理论来源。他的潜意识理论，关于本我、自我、超我的人格结构理论，关于心理防御机制类别和作用的探究，关于早期内在心理冲突对人的影响的分析，以及他发明的各种治疗技术，如自由联想、释梦等，对于治疗模式的发展具有重要的理论价值和实用价值。这一系列行为治疗方法奠定了治疗模式的方法和技术基础，尤其是为矫治心理异常者的当前表现和症状开辟了一条新的道路。

（二）国外心理健康教育模式的探索

1. 发展性辅导模式

该模式强调对学生生活各个阶段的所有领域，如：职业的、教育的，以及个人与社会的经验等提供帮助，促进个人成长，提出辅导即是发展性的过程。这个观念认为长期的成长重于短期的了解，偏向描述性的说明，而少做决定性的诊断。发展性辅导是通过学生自我对周围环境、对个人与环境的关系、对个人价值和社会价值等的了解，以培养更有效率的个人。

2. 辅导——心理教育模式

这个观念在20世纪80年代盛行于美国教育界。倡导者提议制订一种包含一系列课程的计划，重点落在人类生命周期（自婴儿期、青少年到老年期）的各个不同阶段，通过让学生了解自己的发展来实施心理教育。这是一种精心设计并实施心理教育，直接促进学生心理健康发展的知识传授模式，强调教育性大于治疗性。

3. 辅导——全员服务模式

该模式认为在高校心理教育中，心理辅导是对学生进行全面发展教育的部分，通过全校性的服务，帮助学生充分发展其潜能，解决其个人问题，协助其做好个人选择等。强调高校的教师都应该有机会担任辅导工作，并且不能使他们在高校辅导计划中沦为次要角色。心理教育应始终贯穿于科任教师的日常教学中，学生心理教育的责任由全校的人员来分担。同时，这种模式认为学生心理健康不仅应该由高校的教师等人员负责，而且也应该是全社会成员关注的问题。

二、高校心理健康教育的原则

（一）主体性原则

主体性原则是指在心理健康教育中要充分尊重受教育者的主体地位，充分发扬民主，信任、依靠学生，充分调动学生的主动性和积极性。

（二）尊重性原则

尊重性原则是针对心理健康教育工作者对受教育者的态度所提出来的原则。即尊重受教育者的人格、尊严和权利，承认其独立性，将每一个人都视作有独特价值的个体，民主、平等地对待每一个人。

（三）针对性原则

针对性原则指根据受教育者的身心发展特点和规律，有针对性地实施教育。不同个体在能力、性格、兴趣、家庭背景等方面都存在明显的差异，这就是我们常说的个别差异。心理的个别差异不仅表现在个体间可能具有不同的心理特点，而且表现在相同特点在不同人身上有不同的发展水平。所以，开展心理健康教育必须依据教育对象的心理发展特点有针对性地因材施教。

（四）发展性原则

发展性原则是指在心理健康教育工作中，以发展变化的观点来看待个体身上出现的问题。不仅要在对问题的分析和本质的把握中善于用发展的眼光做动态考察，而且在对问题的解决和教育效果的预测上也要具有发展的观点。

（五）保密性原则

保密性原则是指在心理健康教育过程中尤其在个别或团体心理咨询过程中，教育者有责任对受助者的个人情况和谈话内容等予以保密，受助者的名誉和隐私权应受到道义上的维护和法律上的保障。

保密性原则是鼓励受教育者畅所欲言和建立相互信任的基础，同时也是对个体人格及隐私权的最大尊重。

（六）活动性原则

活动性原则是指心理健康教育要重视通过丰富多样的活动来促进心理发展。活动是指主体与客观世界相互作用的过程。

（七）全面性原则

全面性原则有三层含义：一是指心理健康教育是针对全体受教育者的教育活动；二是心理健康教育要着眼于心理素质的全面提高；三是心理健康教育要协同各方面力量全方位进行。

（八）成功性原则

成功性原则是指在心理健康教育工作中，要尽量使学生产生成功的愉快体验，减少失败的不愉快体验。

教育心理的研究证明，成功和失败不仅可以提供反映活动（学习成功，达到预期目标的程度）的信息，且可以对从事后续学习活动的动机产生影响。从总体上讲，适当的成功和失败都可以增强后续学习的动机，但对后继学习作用的大小及可能产生的副作用，则有很大的差别。成功的体验对动机的激发作用大于失败的副作用，尤其对成绩较差的学生来说，进一步失败会导致学习动机的下降，而一次或多次成功则会成为学习动机的“激活剂”。

（九）教与不教原则

教与不教原则即心理健康教育要立足于受教育者，不依靠教育者而能够自觉地、独立自主地分析问题和处理问题。

道理很简单。受教育者不可能永远生活在学校或培训机构，随时随地受到老师或心理咨询师的帮助。他（她）的绝大部分时光要作为社会一员生活在复杂多变的社会中。“授人以鱼不如授人以渔”，而对于学生来说则是授以鱼，不如学人以渔。教的本质在育人，学的核心在成人。教师教育，重点在“育”；学生学习，重点在“习”。最好的心理健康教育是帮助学生学会自立自强、自尊自信，能够从容地、独立自主地应付未来生活的各种风风雨雨。

（十）教育性原则

教育性原则是指教育者在进行心理健康教育的过程中根据具体情况，提出积极、中肯的分析，始终注意培养受教育者积极进取的精神，树立正确的世界观、人生观和价值观。心理健康教育是社会精神文明建设的重要组成部分，要充分体现社会精神文明的特征，以及它的时代性和进步性。可以说，教育性原则比较鲜明地体现了社会主义心理健康教育的特点与要求。

三、高校心理健康教育的途径

心理健康教育有许多途径，就高校心理健康教育来说，主要有开设专门课程、学科渗透、课外活动、环境优化、心理咨询和电脑网络等。

（一）专门课程

1. 高校心理健康教育专门课程设置的必要性

心理健康教育专门课程，指在一定社会的教育目标指导下，以受教育者的心理健康的维护、心理素质优化和心理潜能开发为目的，以必要的心理知识传授、常见的心理问题辅导、积极的心理品质培养为内容的一门心理教育课程。作为一门新型的课程，必然有其规范的、科学的要求。心理健康课作为一门课程的基本特征是计划性、目的性、系统性的，是学科性、综合性和应用性的，其内容特点是人本性、生活性、心理性、教育性。另外，教学对象上的公众性、教学过程的活动性、体验性以及教学目标的发展性等也是本学科的特点。

2. 高校心理健康教育专门课程的设计

（1）明确课程目标

明确课程目标是课程设置的核心问题。课程目标是指导、实施、评价心理健康教育活动课教学的基本依据。因此，为了使心理健康教育专门课程的教学工作得以顺利进行，必须保证心理健康教育专门课程目标的合理性、科学性和可操作性。

（2）确定课程内容

课程目标是确定课程内容的依据，课程内容则是实现课程目标的媒介和载体。课程内容是指课程项目的集合，而课程项目表现为——各个课程单元。课程目标的实现是与适当的课程项目的确定和高质量的单元设计密切相关的。课程项目和课程单元的选择和划分要做到合理有序，必须符合大学生的实际需要和接受能力。大学生的心理年龄特征和各种素质发展的关键期不同，课程的难易程度要相应地有所不同，应体现从简单到复杂、循序渐进的特点。大学生的发展水平和发展需要因各地各校情况的不同而不同，在课程内容的选择上也要体现个体差异性的特点。

3. 进行单元设计

心理健康教育专门课程教学主要是通过教师与学生的共同活动来进行的。因此，该课程的形式主要表现为心理健康教育活动课程。单元设计是为顺利实施某一具体心理健康教育活动课程的内容而制订的计划。

（二）学科渗透

学科渗透是指教师在学科教学中自觉地、有意识地进行心理健康教育。由于学科教学的主要任务不是系统的心理健康教育，故只能“渗透”心理健康教育的内容。如果说列入高校课程表的心理健康教育专门课程是高校心理健康教育的主渠道，它发挥了“主导性”的功能，那么各学科教学中有意识地渗透心理健康教育内容，便是此种教育的副渠道，发挥了“濡染性”功能。

（三）寓于活动

这里的活动有别于心理健康教育课程中的活动课，是指作为课题教学的补充、扩大和延伸的有目的、有计划、有组织的课外教育活动。

1. 高校心理健康教育寓于活动的必要性

从理论层面讲，活动是指主体与客观世界相互作用的过程。人通过活动反映客观世界，又通过活动反作用于客观世界，使反映进一步受到检验与发展，因而活动便构成了心理发生发展的基础。

从实践层面来看，丰富多彩的课外活动为大学生走向社会、接触自然提供了广阔天地，是培养大学生良好心理素质的有利场所。它不仅增加了大学生获得知识的信息渠道，而且有助于促进大学生的好奇心和求知欲，促使他们大胆想象、积极思维，进行独立探索和自我发现，激发灵感，从而提高创造力。苏霍姆林斯基认为，课外活动是学生治理生活的策源地，课外活动使学生迈上了科学思维的道路。他认定课外活动是学生个性发展的一个重要条件，只有当学生每天按自己的愿望随意使用 5~7 个小时的空余时间，才可能培养出聪明、全面发展的人才来。

2. 高校心理健康教育活动的设计

（1）设计的原则

主体性原则：教师既要确定学生在活动中的主体地位，又不能放弃自己的主导地位；开放性原则：向校内开放，向家庭开放，向社会开放；多样性原则：活动设计要生动活泼、丰富多彩，以调动大学生活动的积极性；有效性原则：设计者一方面要针对大学生的实际来设计问题，另一方面要考虑其可操作性；系统性原则：注意内容的系统性，是单个集体活动组成的系列活动。

（2）设计内容

设计内容包括活动的目的、活动的内容、活动的形式、指导教师或主持人、参加者、时间、地点、活动准备、活动程序、活动要求、活动总结等。

（四）优化环境

1. 高校心理健康教育工作中优化环境的必要性

高校物理环境包括时空环境、设施环境、自然环境等。高校物理环境是高校教育工作赖以进行的物质基础，是高校生活的一种物质载体。如果物理环境不尽如人意，则将对大学生的心理健康产生不良影响。

2. 高校心理健康教育工作中优化环境的原则

（1）教育性原则

教育性原则主要是指高校环境的一切设计、装饰和布置都必须有利于启迪大学生的思维，陶冶大学生的情感，磨炼大学生的意志，必须充分体现各种环境因素的心理健康教育意义。

（2）科学性原则

科学性原则就是要求高校环境的建设和美化要符合大学生身心发展的特点和心理健康教育、教学工作的规律，遵循生理学、心理学、教育学、建筑学、美学、卫生学的基本原理，要通过科学合理地调控优化，使高校环境成为科学和艺术的统一体。

(3) 实用性原则

实用性原则指高校环境的设计、建筑和优化应当根据高校的实际情况和经济条件，本着经济实用的宗旨进行。

(4) 有效性原则

有效性原则指高校环境的优化应追求实际效果，防止搞形式主义的东西。

(5) 特定性原则

特定性原则指在优化环境过程中，可以通过增强或突出环境的某些特性，有意形成某种特定环境条件来影响大学生的行为，以达到预期的目的。

(6) 优势性原则

优势性原则是指在高校环境的调控优化过程中，要充分利用已有的有利环境条件，以便突出自己的优势。

(7) 筛选性原则

在调控高校环境过程中，要对存在于高校环境中的各种信息进行一定的选择转化处理，实行信息优控，使信息成为促进大学生心理健康发展的积极因素。

(8) 主体性原则

教育者不仅自己要重视调控高校环境，而且要重视大学生在调控学校环境方面的作用，培养大学生自控、自理环境的能力。

(五) 心理咨询

心理咨询是一项专业性和技术性较强的综合艺术。心理咨询旨在帮助个人成长，却不企图强加指导；它促使人维持心理健康，却不完全提供病理性治疗；它是一种人际交流，却又不是社交活动；它力图使人解除烦恼，却又不是简单的安慰人；它希望与人建立无话不谈的亲密关系，却又不能发展私人友谊；它使人头脑冷静，却又不能做逻辑分析；它是聆听，而不是说教；它是接纳，而不是训斥；它是引导，而不是教导；它是参与，而不是控制；它是了解，而不是侦讯；它是疏导，而不是制止；它是真诚，而不是做作；它是支持，而不是改造；它是领悟，而不是解答；它是使人内心悦服，而不是令人屈从。

(六) 利用网络进行心理健康教育

1. 利用网络进行心理健康教育的优势

(1) 内容更丰富

网络使心理健康教育的内容变得丰富而全面，在这里，教师传授心理健康知识将不再是主要目的，而是帮助大学生去发现自我、了解自我、管理自我，最终引导他们完善自我。

（2）形式更活泼

网络使心理健康教育的形式从静态变为动态，通过网络，大学生自由地选择“教师”“教室”“教材”和授课时间等。

（3）教育面更广

网络克服了传统课堂受时空的限制，一次只能使数量有限的大学生受益的缺陷，从而大大减轻了教师简单重复的工作量，提高了工作效率，使教师能以更大的热情和精力投入到富有创造性的工作中去。

（4）空间更安全

网络的匿名性本身就能达到很好的保密效果。因此，大学生可以大胆地倾诉自己的苦恼与烦闷，而不必担心别人是否会知道。在传统的教育中，受时空或传统观念等条件的限制，大学生心理方面的问题很难暴露或被及时发现。通过网络，大学生可以随时随地、直接地把自己的心理困惑向老师提出，不用担心被其他人知道。

（5）便于思考分析

当事人与心理健康教育工作者通过 E-mail、论坛或其他网络形式进行沟通，常常需要书写。书写本身也是一种整理思想、进行自我反思的过程。它不像面对面咨询和电话咨询一样需要即时领会对方的意图并做出反应，而是可以有一个相对宽松的时间仔细思考与进行分析，从而增强对问题把握的准确度。

（6）便于储存和查询案例

以心理咨询为例，在传统的心理咨询中，案例的保存和查询是一件相当费时费力的琐碎事务，而借助于现代技术手段，这一点在网络咨询中很容易实现，因而极大地提高了咨询师进行督导和研究工作效率，同时也为当事者提供了更宽广的选择空间。当事者可以从各大搜索引擎中或根据网页的栏目设置找到相关内容，如果有兴趣还可以先看一看已有的案例，找一找是否有想要的东西。如果还不明白，再进一步确定是否去咨询。

2. 利用网络进行心理健康教育的方法

（1）建立坚强有力的心理辅导队伍

使网络成为大学生学习心理健康知识的新课堂，倾诉心声、宣泄情感的新场所。

（2）建立富有吸引力的心理健康网站

在网页的设计上，主题应严肃认真，立意应高远放达，内容应丰富多彩，形式应生动活泼。

(3) 在线咨询

请专业心理辅导老师提供个性化心理服务，就有关的心理问题提供在线心理咨询，帮助咨询者认识自己、接纳自己，更有效地解决成长中的烦恼和挫折，更为主动、积极地迈向自我实现。大学生通过 E-mail 直接向心理咨询老师就有关心理问题寻求解答，老师以负责任的态度及时回答大学生提出的问题，从而使求助者建立起正确的体验生活的方法，使个体逐步形成完善的自我概念和对物质世界的适应能力。

(4) 传统与网络相结合

传统心理健康教育比较人性化，沟通更直接，有时候人机对话的效果远远比不上面对面交流的沟通来得真切，比如：心理学中的精神分析、催眠、沙盘游戏等是解决个体心理问题的重要手段，可以起到事半功倍的效果，这是网络所不能达到的。而网络心理健康教育拓宽了教育面，教育内容与形式、教育方法与手段也更加多样化。尤其是网络教育的匿名性、虚拟性、即时性、开放性和平等性，更是传统教育所不能及的。因此，两者结合，扬长避短、优势互补就显得尤为重要。只有这样，才能最大限度地帮助学生。

四、高校心理健康教育的常用方法

心理健康教育的方法是旨在达到心理健康教育目标而采用的方法。心理健康教育方法是一个立体的体系，可以对它从不同的角度，以不同的标准进行分类。

(一) 晓之以理法

认知改变法的主要形式有：

1. 讲授法

通过课堂或专题讲座面向众多受教育者传授有关的心理健康教育知识和原理。讲授时要把教学组织成师生双方都积极参与的双边工程，要注意教育对象的年龄特点，运用启发式，注意深入浅出，充分调动大学生的主观能动性，切忌将讲授变成枯燥乏味的说教。讲授法的优点在于单位时间里受众多、效率高，但对个别有特殊心理需要的学生难以顾及。

2. 谈话法

师生一对一或一对若干的沟通交流，这是对讲授法不足的补充。可以近距离地就某个大学生或几个大学生共同的心理需求进行教育。这种谈话法是一种双向沟通，大学生可以充分暴露自己的想法，教师摆事实、讲道理说服学生，使学生心悦诚服。这种方法的优点有助于解决大学生的个别问题，给人印象深刻；缺点在于较为费时。

3. 讨论法

常用方法有：专题讨论、辩论赛、头脑风暴法、配对讨论、六六讨论、情景讨论等。

4. 参观访问法

对心理健康教育开展亲临现场的观摩来进行心理健康教育。

5. 启迪法

运用生活中大学生感兴趣的正反事例进行启迪和教育，将教育要求逐渐转变为学生的需要，这样易引起大学生理性的认同。

6. 换位思考法

教给大学生设身处地站在他人立场上考虑问题，走出自己的认知误区。

7. 阅读法

指导大学生大量阅读古今中外包含精神营养的经典作品，有助于大学生的心理健康教育。

（二）动之以情法

人是有感情的动物。人一旦动了真情实感，整个心理特别是人的认知都会随之受到影响。关于这一点，古今中外的教育家、心理学家和思想家均有不少论述。大量研究发现，感情具有动力功能、启智功能、信号功能、健身功能。

如何做到动之以情？方法很多。这里着重就不大被人注意的情感的感染性、理解性和情境性的特点及其相应的教育措施进行说明。

1. 利用情感的感染性进行心理教育

情感的感染性是指人们的感情可以通过特定的形式影响别人并使之产生类似情感的特性。这是社会生活中十分普遍的人际影响现象。许多研究表明，在教育教学过程中，教师是影响学生最积极、最活跃的因素，这种影响不仅依赖于教师的专业知识、教法、技能，而且也依赖于教师是否善于运用自己的感染力技巧。教师的感染力是学生更好地接受知识，培养积极情感的心理力量。

2. 利用情感的理解性进行心理教育

情感的理解性指情感在认识的基础上产生并随着认识的发展而变化的特性。俗语说“知之深，爱之切”。为了培养学生积极的情感，就必须使他们了解有关的知识、懂得有关的道理，知识掌握得越丰富，道理理解得越深刻，相应的情感就越深厚、越崇高。

3. 利用情感的情境性进行心理教育

情感的情境性指人的情感是在一定的情境中产生并随着情境的变化而变化的特性。晋代学者王羲之在其《兰亭集序》中曾写道："情随事迁，感慨系之矣。"具体的情境可以唤起人们相应的情感。

（三）导之以行法

引导，甚至在必要的情况下规定受教育者参加有利于心理健康的活动。通过积极、有效的活动效果的反馈和强化，有利于活动者端正认知并培养积极情感。尤其是从通过行动而培养的良好习惯一旦形成，对人的心理健康终生有益。

1. 坚持练习，培养教育对象良好的行为习惯

习惯是一种后天获得的趋于稳定的动力定型，是通过长期反复练习形成的条件反射连锁系统。从这个意义上说，培养良好的行为习惯，必须通过练习。有时形成良好的生活习惯和学习习惯比改变认知更有效。

2. 制定并完善必要的规章制度和纪律来约束人的行为

先在行为上约束之，认知和情感会随着年龄的增长、阅历的增加而发生可喜的变化。因此，要求受教育者遵守纪律，有助于培养其坚持性、自制性和组织性。

3. 委托受教育者完成一定的工作任务也是一种心理训练

它不仅能提高其工作能力，而且可以培养其责任感、集体主义精神和克服困难完成既定任务的意志品质。

（四）榜样示范法

榜样示范就是以别人的优良心理品质和模范行为对教育对象进行心理健康教育。榜样包括：伟人的典范、教育者的示范、同伴中先进典型的模范。这里的教育者不仅指教育工作者，还指家长父母。榜样把良好的心理品质和行为规范具体化、人格化，形象且生动，具有极大的感染力和吸引力，其理论依据就是美国心理学家班杜拉的社会观察学习理论。

（五）自我心理修养法

心理修养法就是在指导者的引导下，受教育者为形成良好心理品质、增进心理健康、开发心理潜能而自觉地进行学习、自我反思和自我行为调控的方法。自我心理修养的过程就是自我心理教育的过程，即通过有目的、有意识地调控自己的心理活动，达到自我心理完善。

第二章　高校学生心理健康教育探究

第一节　心理健康与大学生心理健康

一、心理健康

（一）心理健康的含义

古今中外的心理学家进行了长期的艰苦探索，对心理健康的含义给予了不同的表述。

精神病学家孟尼格尔认为，心理健康是指人们对环境及相互之间具有最高效率及快乐的适应情况。心理健康者应能保持稳定的情绪、敏锐的观察力、适于社会环境的行为和愉快的心态。

心理学家英格里希指出，心理健康是指一种持续的心理状态，当事者在该状态下能做出良好的适应，具有生命的活力，而且能充分发挥其身心的潜能，这才是一种积极的状态，不仅仅是免于心理疾病。

人格心理学家奥尔波特认为，健康的人并不被潜意识所控制和支配，健康的个体是在理性的和有意识的水平上活动，指引这些活动的力量是完全能够意识到的，并且也是可以控制的。健康的心理是摆脱了过去的压抑，心理健康的人是被当前的及指向未来的紧张和期望所指引的。

美国精神科医师门宁格认为，心理健康是指人对环境及相互间具有最高效率及快乐的适应情况。不仅要有效率，也不只是要有满足感，或是愉快地接受生活的规范，而是需要二者兼备。心理健康的人应能保持正常的情绪，敏锐的智能，适于社会的行为和愉快的气质。

而心理学家荣格认为，理想的心理健康是有意识地指挥和引导潜意识的力量。同时社会工作者波姆指出，心理健康是合乎一定水准的社会行为：一方面能为社会所接受，另一方面能为自身带来快乐。

我国学者刘华山认为，心理健康应是指一种持续的心理状态，在这种状态下，个人具有生命的活力、积极的内心体验、良好的社会适应，能够有效地发挥个人的身心潜力与积极的社会功能。

我国学者林传鼎认为，心理健康是心理障碍的反义词，其包括两种含义：一是心理健康状态，个体处于这种状态时，不仅自我情况良好，而且与社会契合和谐；一是维持心理健康、减少行为问题和精神疾病的原则和措施。

我国学者江光荣认为，心理健康的人应是一个适应与发展良好的人，是一个心理机能健全的人。心理健康的人在与环境的互动中，其心理活动过程能够有效地反映现实，解决面临的问题，达到对环境的良好适应并且指向更高水平的发展。

我们发现，不同学者由于研究的方向不同，对心理健康的理解也并不相同，存在一些差异，但是观点都还是有一些共同之处的。大致来说，涵盖了以下两个方面：

首先，心理健康是指良好的心理状态，是个体内外协调统一的良好状态。个体认知正常、情绪稳定、情感协调、意志健全，即良好的内部状态。而内部状态的积极表现则是良好的外部状态，体现在对日常的生活、学习、工作、人际和社会环境能良好地适应，能处理与解决自身碰到的问题，并积极地向更高的水平发展，能发挥自身的潜能。

其次，心理健康也指人的心理机能正常发挥。从心理学的角度来看，人的心理由认知、情绪、行为三大机能组成。其中，认知机能正常是指个体能够有效地进行知觉、想象、思考等活动，从而保证个体能客观认识自己、他人、世界及其相互关系，保证自己对客观现实进行正确认知。情绪机能正常是指个体情绪体验不缺失，该欢喜就欢喜、该生气就生气，同时根据个体状态，能有效地调节自身情绪。行为机能正常是指个体能够做出合适的行为，从而有效地适应环境，发展自身。

（二）心理健康的标准

1. 国内外的心理健康标准

判断一个人是否心理健康，是大学生心理健康研究中一个十分重要的研究，其核心依据则是心理健康的标准。由此导致心理健康的标准一直受到人们关注，许多专家对此都有过研究和论述。关于心理健康及其标准众说纷纭，但所站的角度不同，各有所侧重。现列举代表性的观点供大家参考。

（1）美国著名的心理学家马斯洛和米特尔曼在20世纪50年代初提出了心理健康的10条标准：①具有适度的安全感；②具有适度的自我评价；③具有适度的自发性与感应性；④与现实环境保持良好的接触；⑤能保持人格的完整与和谐；⑥善于从经验中学习；⑦在团体中能保持良好的人际关系；⑧有切合实际的生活目标；⑨适度地接受个人的需要；⑩

在不违背团体的原则下能保持自己的个性。

（2）美国心理学家奥尔伯特提出了心理健康的6条标准：①力争自我的成长；②能客观地看待自己；③人生观的统一；④与他人建立和睦关系的能力；⑤人生所需的能力、知识和技能的获得；⑥具有同情心，对生命充满友爱。

（3）奥地利医师、心理学家弗洛伊德将心理健康归结为爱与工作的能力，他列出了心理健康的人所具有的一些共同特点：①保持理智与平衡；②具有自我价值感；③具有爱的能力；④具有建立和维持亲密关系的能力；⑤能接受现实中的各种可能性和局限性；⑥对工作的追求与自己的天资和教育背景相适应；⑦能体验到某种内在的宁静与满足感，感到此生没有虚度。

（4）美国心理学家库姆斯认为，一个心理健康、人格健全的人应有4种特质：①积极的自我观念；②恰当地认同他人；③面对和接受现实；④主观经验丰富，可供取用。

（5）第三届国际心理卫生大会曾把心理健康的标准拟定为：①身体、智力、情绪十分协调；②适应环境，人际关系中能彼此谦让；③有幸福感；④在工作和生活中，能充分发挥自己的能力，过有效率的生活。

（6）我国学者黄坚厚提出了心理健康的4条标准：①乐于工作；②能与他人建立和谐关系；③对自身具有适当的了解；④和现实环境有良好的接触。

（7）我国学者王登峰和张伯源提出了心理健康的8条标准：①了解自我，悦纳自我；②接受他人，善与人处；③正视现实，接受现实；④热爱生活，乐于工作；⑤能协调与控制情绪，心境良好；⑥人格完整和谐；⑦智力正常，智商在80分以上；⑧心理行为符合年龄特征。

（8）我国学者江光荣认为，心理健康的人具有以下特征：①客观的自我认识和积极的自我态度；②客观的社会知觉和建立适宜的人际关系的能力；③生活的热情和有效解决问题的能力；④人格结构具有协调性。

2. 运用心理健康标准的注意事项

以上列举的关于心理健康的标准，中外学者提出了众多的观点，至今还没有一个完全统一的标准，因此，我们在理解和运用心理健康的标准时，应注意科学认识以下几点：

（1）一个人是否心理健康与一个人是否有不健康的心理和行为并非完全是一回事。判断一个人的心理健康状况，不能简单地根据一时一事下结论。心理健康是较长一段时间内持续的心理状态，一个人偶尔出现一些不健康的心理和行为，并非意味着这个人心理不健康（或心理变态）。

（2）人的心理健康水平可以分为不同的等级，是一个从健康到不健康的连续状态，从健康状态到不健康状态之间有一个较长的过渡阶段。一般来说，心理正常与异常并无确定的界线，只是程度的差异而已。

（3）心理健康状态并非是固定不变的，而是一个动态的变化过程。既可能从不健康状态转变到健康状态，也可能从健康状态转变到不健康状态。随着人的成长、经验的积累、环境的改变，心理健康状况也会有所变化。由于心理健康不是一种静止不变的状态，故心理是否健康只能反映一个人某一段时间内的固定状态，并不是他一生的状态。

（4）心理健康的标准无论是哪种表述，都是一种理想的尺度。它不仅为我们提供了衡量是否健康的标准，而且为我们指明了提高心理健康水平的努力方向。

（5）个体心理健康的基本标准是能够有效地进行工作、学习和生活。如果正常的工作、学习和生活难以维持和保证，就应该引起注意，及时调整自己的状态。

二、大学生心理健康概述

（一）大学生心理发展特点

青年期是一个人朝气蓬勃走向独立生活的时期，是一个人开始决定自己生活道路的时期。处在青年期大学生的心理状态迅速成熟但还未真正成熟，在他们心理活动的各个方面都有明显的体现，并形成了有别于一般青年心理发展的基本特点。

1. 自我意识增强但“自我统和”能力差

自我意识是指人对自身的认识及对周围事物关系的各种体验，它是认识、情感、意志的综合体，是人心理发展过程中一个极为重要的方面。自我意识的发展与年龄有关，而且与人的知识水平有关。大学时代是人真正自我认识的时期。青年大学生随着对外界认识的不断提高、生活经验的不断丰富，开始关注自己的内部世界，迫切要求了解自己和发展自己，出现了主我与客我、理想自我与现实自我的分化，力图从理想与现实的关系中把握自己、认识自己，以追求自我完善。虽然大学生的自我意识明显增强，但由于他们生活阅历有限，与现实社会有一定的距离，社会实践能力不强，造成了他们的自我意识在自我认知、自我体验等方面出现偏差。在自我认知方面表现为过强的自尊心和自卑感；在自我体验方面表现为过度的自我接受和自我拒绝。“自我统和”是青年心理发展的必经历程，顺利完成“自我统和”是青年期发展的关键。如何建立对自我的正确认识，是青年期大学生常遇到的心理问题。

2. 抽象思维迅速发展但缺乏成熟的理性思考

由于大脑机能的不断增强，生活空间的不断扩大，社会实践活动的不断增多，大学生的认知能力获得了长足的发展。这个时期，他们的感觉和知觉灵敏度、记忆力、思维能力增强，逻辑抽象思维能力逐步占主导地位，通过分析、综合、抽象、概括、推理、判断来反映事物的关系和内在联系，并能从一般的逻辑思维向辩证思维过渡，更多地利用理性思维，而且思维的独立性、批判性、创造性都有显著提高。但他们抽象思维的水平并没有达到完全成熟的程度，思维品质发展不平衡，思维的广泛性、深刻性、敏感性发展较慢，尤其在运用唯物辩证法观点和理论联系实际观点看问题时显得理性不足，他们往往把问题看得过于简单而陷入主观片面和“想当然”的境地，这就难免出现“连当代最伟大的政治家都认为是非常棘手的问题，在大学生看来却易如反掌”的情况。

3. 情感日益丰富但易偏激

青年心理学之父霍尔认为，青年期最主要的心理特点是动摇、起伏，出现一些非常显著的相互对立的冲动，他称之为“狂风暴雨的时期”。大学生正值青年期，丰富多彩的大学生活，使其情感日趋复杂，情感表现具有强烈跌宕、不协调的特色，因而大学时代是体验人生情感最强烈的时代。这种强烈情感的内容随着知识经验的增多、生活空间的扩大、业余生活的丰富、自我意识的增强而日臻多姿多彩。大学生富有理想、兴趣广泛、关心时政、激情澎湃，总之他们的情感日渐丰富且迅速向深度、广度发展。但由于大学生对社会的复杂性、自己欲望行为的合理性缺乏足够的正确认识，加之他们风华正茂、精力旺盛、自尊感强烈而敏锐，又比较“较真”，情绪容易产生较大的波动甚至表现为两极性，所以他们常常成为情感的俘虏。

4. 交往欲望强但心理闭锁

对处于青年期的大学生而言，人际交往是其自我意识成熟的重要途径，人际关系直接影响其适应能力和发展状况。大学时代是个体成长的重要时代，也是个体自身容易出现矛盾的时代，如既渴望友情又害怕受挫。学生在大学期间需要发展亲密关系来满足情感上的需要。然而，许多大学生对人际关系的追求往往带有较浓的理想色彩，以友谊的理想模式为标准来衡量生活中的人际关系，导致高期望值与高挫折感并存。

由于相当多的学生存在着多方位的逆反心理，缺乏与同学的基本合作精神和宽容精神，缺乏人际间必要的信任和理解，加之交往方式欠妥、交往能力有限和人格缺陷等原因，容易导致其交往失败。长期的交往失败，使一些大学生把交往看成是一种负担，渐渐地造成心理上的闭锁，长此以往就会滋生一种难以名状的孤独感。大学生的这种状态与随着生活空间的扩大而出现的强烈的交往需要便构成了一对难以调和的矛盾。

（二）大学生心理健康标准

根据大学生的心理特征、对大学生特定的社会角色的要求及心理健康学的基本理论，大学生心理健康的标准可以概括为以下八个方面：

1. 能保持对学习有浓厚的兴趣和求知欲望

学习是大学生活的主要内容，心理健康的学生会珍惜学习机会，求知欲望强烈。能克服学习中的困难，使学习成绩稳定；能够保持一定的学习效率，并从学习中体验到满足与快乐。

2. 能协调和控制情绪，保持良好的心境

积极乐观的情绪和良好的心境是心理健康的重要标志。心理健康的大学生心胸开阔、从容乐观、热爱生活、乐于进取，虽然也有悲、忧、哀、愁等消极体验，但积极情绪总是多于消极情绪，具有理智感、责任感、幽默感，善于调节和控制自己的情绪，急而不躁，喜而不狂，忧而不绝，胜而不骄，败而不馁，持续稳定地保持愉快、满意、开朗的心境。无论是处于顺境还是逆境，都能随遇而安，积极寻找事业的乐趣，发现生活的光明面。

3. 意志健全，能经受住各种挫折和磨炼

心理健康的大学生，学习、生活有明确的目标和追求，敢想、敢说、敢干，勇于开拓进取，在意志行动中有主见、有恒心，专心致志，遇到外界干扰和诱惑不为所动。

经常的盲目性和软、懒、散状态，都是意志不健全的表现。

4. 人际关系和谐，乐于交往

人际关系状况最能体现和反映人的心理健康状况。心理健康的大学生热爱生活、乐于交友、善于与人相处；既能容人之短，也能容人之长，能正确处理互助和竞争的关系；能与他人同心协力合作共事，乐于助人，有较强的同情心和道德责任感，因而能被他人和集体所容纳和认同。相反，疑心重重、妒贤嫉能、尖酸刻薄、自私自利、孤芳自赏，均是心理不健康的表现。

5. 正确的自我意识

正确的自我意识是心理健康的重要条件。心理健康的大学生都能以客观的态度去认识、评价自己和周围的世界，既不自视清高、妄自尊大，也不自轻自贱、妄自菲薄，而是在行动上自律，评价上自省，心态上自控，情感上自悦。他们认识到理想自我与现实自我的差距，并保持基本满意的态度。他们善于从客观环境中吸取有价值的信息以充实自己、完善自己，并恰当地进行自我评价和自我调节，有效地控制自己的行为。

6. 适度的行为反应

适度的行为反应是指个体对外界环境和事物的反应既不过敏，也不迟钝。在人生发展的不同年龄阶段都有相应的心理行为表现，从而形成不同年龄阶段独特的心理行为模式。心理健康的大学生有正常的行为反应，在认识、情感、言行、举止等方面都符合他所处的年龄段的要求，他们充满青春活力、朝气蓬勃、勤学好问，能创造性地处理问题。过于老成、过于幼稚、过于依赖他人都不是心理健康的表现。

7. 完整统一的人格品质

人格是指人的整体精神面貌。人格完整是指人格构成要素的气质、能力、性格、理想、信念和人生观等各方面平衡发展，有一定的连贯性和稳定性。心理健康的大学生所思、所说、所做的是协同一致的，具有积极进取的人生观，能把自己的需要、愿望、目标和行为统一起来，无双重人格，不为私欲背弃信念和良心，不阳奉阴违、口是心非。

8. 积极的社会适应力

心理健康的大学生，能和社会保持良好的接触，对社会现状有较清晰的认识，思想、信念、目标和行为能跟上时代发展的步伐，与社会要求相符合，为社会所接纳。一旦发现自己的愿望和需要与社会的希望和需要发生矛盾、冲突时，能迅速调整自己对现实的期望和态度，以谋求与社会的协调一致；而不是逃避现实，或与之背道而驰。

第二节　大学生心理健康教育的界定

一、大学生心理健康教育

现代意义上的心理健康教育，在我国始于20世纪80年代，至今不过40余年的历史。多年来，我国高校心理健康教育工作在曲折中发展，取得了一定成效。20世纪80年代中期，心理咨询这一新生事物在高校出现，引来众多学子的参与，并激起大学生高涨的热情。而如今，一方面是广大学生对心理健康教育与服务的需求日益强烈，另一方面是部分学校心理咨询机构的冷冷清清。这与心理健康教育定位不准有着很大的关系。安徽师范大学姚本先教授撰文指出了现实心理健康教育实践中普遍存在的几种消极倾向，其中“德育化”“医学化”“课程化”等倾向是对心理健康教育定位不准的具体分析。

在日常教育中，“以心理健康教育的名义进行事实上的传统德育工作的人比比皆是”。人们试图以心理健康教育取代德育的观点和做法并不鲜见。因此，全面提高对心理健康教育的正确认识，对于推进心理健康教育学科建设，增强心理健康教育工作的规范性、科学性和实效性，有着重要意义。

心理健康教育广义地说，就是开展维护和增进人的心理健康的教育活动，帮助和鼓励人们树立增进心理健康的愿望，知道如何达到这样的目的，从而采取有益于健康的行为，并学会在必要时知道如何寻求适当的帮助，以达到保护和增进心理健康的目的。高校的心理健康教育，是指教育按照规定的心理健康要求，通过对学生进行心理卫生知识和技能的教育，培养学生良好的心理品质与健全的个性，从而增强其面对未来可能受到的心理冲击的适应力，促进其心理健康的发展。这是开发大学生心理潜能，以完善和提高新一代合格公民健康心理素质为目的的教育过程。大学生心理健康教育，要使学生树立心理健康意识，增强其维护心理健康的自觉性；要使学生丰富心理卫生知识，提高他们自我心理保健能力；要使学生养成良好的心理卫生习惯，形成优良的心理品质。同时，应创造有利于大学生心理健康发展的良好环境，充分重视大学生的主体地位，发挥其自身调节作用，全面提高心理健康水平。

二、大学生心理健康教育的目标

大学生心理健康教育的目标是：普及心理健康知识，增强大学生的自我心理调适能力，帮助大学生解决身心发展过程中的心理问题，提高大学生的心理健康水平和综合素质，促进大学生健康成长，全面发展。心理健康教育必须以优化大学生心理素质为起点，以促进大学生的全面主动发展和顺利社会化为归宿。概括起来可以归纳为以下三个目标：

（一）初级目标——心理健康维护，应对心理疾病

大学生心理健康教育的初级目标是防治心理疾病，维护心理健康是它的特色，也是实现其他目标的基础。当代大学生正处在大变革的社会背景之下，又处在人生发展的过渡时期，当他们面临的冲突过大，持续时间过长又得不到外界帮助时，就可能引发一系列生理和心理的反应，严重的会导致各种心理疾病，甚至伤害自己或他人。心理健康教育能及时发现心理问题，并采取相应干预措施，对不良心理现象和行为予以矫正和治疗。

（二）中级目标——完善心理调节

大学生心理健康教育的中级目标是指导学生深化对自己、他人和社会的了解，掌握自我调节的方法，优化心理素质，提高挫折承受力，增进社会适应能力，进而促进学生整体素质的全面发展。即通过性格品质的优化，提高德育的有效性；通过心理能力的强化，促进智育的高效化；通过健康心态的培养，促进健康的全面化；通过内在动力的激发，促进自我发展的主动化；通过行为习惯的优化，促进个体的顺利社会化。当代大学生在学习、

交友、恋爱、择业等一系列生活事件中常会遇到挫折，由此而产生心理困扰。由于很多大学生的心理发展尚未成熟，自我调节能力尚不完善，挫折引发的情绪波动常常十分强烈，从而影响大学生的正常生活和健康成长。因此，大学生心理健康教育的中级目标显得尤为重要。

（三）最终目标——促进心理发展

大学生心理健康教育的最终目标是健全个体、适应社会，开发学生的各种潜能，促进心理发展。同时，保持对客观社会积极、主动地适应，实现个性化与社会化的和谐与统一。当代大学生由于自身存在的某些弱点和局限，常常会影响他们的适应与发展，阻碍其潜力的发挥。大学生心理健康教育的最终目标就是帮助大学生认清自己的能力，保持良好的心态和健康的生活方式，全面而充分地发展自己，完善人格。

三、大学生心理健康教育的意义

大学生正处在人生发展的重要阶段，面临着学习、交友、恋爱、就业、成长等种种问题，他们渴望成才，追求卓越。良好的心理素质是成才的基础，拥有健康的身心是他们成人、成才、成功的重要保证。而心理健康教育是培养大学生良好心理素质的有效方式，所以，要进一步加强对大学生进行心理健康教育重要意义的认识。

心理健康教育作为一种制度化的育人活动，其特定的工作范围为心理领域。心理健康教育只有把“育心”作为自己的立足点，才能得到学生和社会的认可。这一结论得到了有关实证研究的支持。

从心理健康教育中收益最大的是丰富了心理健康知识（95%）、了解心理素质的重要性（94%）、提高挫折承受能力（90%）、正确认识自己和他人（90%）、学会情绪调节（88%）和增进人际交往（85%）等。人的心理健康状态从有严重的心理疾病和心理障碍，到心理的亚健康、健康，呈现出一种连续的过渡状态，可分为多个层次。高校心理健康教育就是要把大学生的心理健康水平不断地由较低层次推向较高层次。由此，我们可以把心理健康教育的基本功能划分为三个不同的层次，即初级功能——预防心理疾病，缓解心理压力；中级功能——优化心理品质，提高调节能力；高级功能——充分开发潜能，促进人格完善。通过科学的心理健康教育，可以改善和优化大学生的认知结构，使他们正确认识自己的情绪和情感，学会情绪调整的方法，保持积极乐观的心态，提高大学生自我认识、自我管理、自我教育的能力。高校心理健康教育是改造人的主观世界的工作，无论是哪种具体的心理健康教育方式，其作用过程都发生在教育对象的心理领域；无论是何种模式的心理健康教育，都是要重建或改善教育对象的精神生活。这样，高校心理健康教育就不可避免地对学生的世界观、人生观和价值观产生影响。因此，引导学生树立正确的世界观、人生观和价值观，促进学生良好思想道德素质的形成，是心理健康教育的重要职责。

同时，加强大学生心理健康教育工作，还有利于解决大学生心理发展过程中的矛盾。

第一，有利于解决大学生闭锁性心理与交往需要之间的矛盾。由于大学生的社会知觉和情绪体验更多地与他人、自己的内心世界相关，在分析他人的活动时更多地着眼于思想、情感和个性品质，并借助于对他人的分析来认识自己的心理品质，从而意识到自己的思想、情感与他人的区别。当大学生自己有了特殊的、不同于他人的各种生活体验，这种思想和情感体验又不能轻易地向不了解自己的人透露，而且思想情感越成熟、自尊心越强，就越来越感到自己的心理特点与他人存在差异，感到没有知心人可以谈心或倾吐真情，便把自己的内心感受隐藏起来，以致产生孤独感，因而产生了闭锁性心理。

但是，他们又迫切期望与人交往，希望得到他人的帮助或与同龄知心朋友交流思想、感受，分享意愿和理想。于是，这就形成了一对矛盾。针对这一矛盾，教育工作者通过开展心理健康教育，细心观察大学生心理的变化，充分了解他们的思想情感及年龄特点，及时给予帮助和指导，做大学生的良师益友，既帮助大学生度过这一特殊时期，又提升教师的威信。

第二，有利于解决大学生求知欲和识别力之间的矛盾。大学生渴求知识，求知欲强烈，对社会领域或自然环境领域中的一切，他们都感到新奇，都想了解和探求究竟。但是由于其辨别力低，有时分不清哪些是积极的、有益的，哪些是消极的、有害的，以致良莠不分，把错误的事物也接受下来。这样就产生了求知欲强和识别力低之间的矛盾。针对这一矛盾，教育工作者通过开展心理健康教育工作，教导大学生要勤学多思，增强判别力，特别是对课外读物（包括网络方面内容），要用正确的观点，对其内容进行分析，取其精华，去其糟粕。还要帮助他们培养自制力，使他们学会控制、约束自己的行为。

第三，有利于解决大学生情绪与理智的矛盾。大学生的情绪很容易激动，容易感情用事。但是，在激动的情绪平静下来后，大学生在理智上完全能清晰地分析问题，这说明当他们的认知与需要不一致时，理智上知道怎样行动，但不善于处理情绪与理智之间的矛盾，不能坚持正确的认识，难以控制自己的情绪。针对这一矛盾，教育工作者应通过开展心理健康教育工作，教育大学生要正确地对待他人的进步和荣誉，培养宽阔的胸怀；正确地估计自己的优缺点，取长补短；处理好人际关系，发扬集体互助精神。

第四，有利于解决大学生理想的“我”与现实的“我”之间的矛盾。大学生的抽象逻辑思维发展到一个新的水平，这种思维能力使其能从现实的具体条件出发，把所获得的感性印象抽象、概括地进行反复思考。同时，由于大学生对未来的热烈向往，想象比较丰富，往往离开现实条件构想未来的前景，这样，就形成一个理想的“我”。远大的理想为大学生的生活指明奋斗目标，但是理想中的“我”与现实中的“我”不一定完全相符，当他们感到达不到“理想”时，就与现实发生矛盾。面对这一矛盾，如果他们不从本身的思想认识、智力特点考虑问题，就会把这种不切实际的“理想”夸大，从而对现实不满。针对这一矛盾，教育工作者应通过开展心理健康教育工作，引导学生更多地参加实践活动，给他们安排各种表现能力的机会，使他们通过活动了解自己的优缺点，认识自己在一定的集体或社会活动中的地位，缩小理想与现实的距离，从而获得对自己的正确认识。提高或降低学生的抱负水平：对于抱负过高的学生，可适当降低他们的抱负水平，以使他们将自我评定与现实的可能性联系起来；对于抱负过低的学生，可适当提高他们的抱负水平，帮助他们克服困难和阻力，提高学习成绩，增强学习信心，培养勇于和各种困难进行斗争的精神。

第三节 大学生心理健康教育的原则

一、大学生心理健康教育的基本原则

大学生心理健康教育是一项科学性、实践性很强的教育工作。为使心理健康教育能顺利开展并取得预期的效果，加强和改进大学生心理健康教育的基本原则，具体如下：

1. 坚持心理健康教育与思想教育相结合。既要帮助大学生优化心理素质，又要帮助大学生培养积极进取的人生态度。

2. 坚持普及教育与个别咨询相结合。既要开展面向全体大学生的心理健康教育，又要根据不同情况开展心理辅导和咨询工作。

3. 坚持课堂教育与课外活动相结合。既要通过课堂教学传授心理健康知识，又要组织大学生参加陶冶情操、磨炼意志的课外文体活动，不断提高大学生心理健康水平。

4. 坚持教育与自我教育相结合。既要充分发挥教师的教育引导作用，又要充分调动学生的积极性和主动性，增强大学生心理调适能力。

5. 坚持解决心理问题与解决实际问题相结合。既要加强大学生心理健康教育，又要为大学生办实事、办好事。

以此为依据，我们把大学生心理健康教育的基本原则概括为以下七个方面：

（一）面向全体学生的原则

心理健康教育是素质教育的重要组成部分，是根据学生身心发展的规律和特点，运用心理教育的方法和手段，旨在培养学生良好的心理素质，促进其身心全面和谐地发展和素质全面提高的教育。因而大学生心理健康教育，必须面向全体大学生，以全体大学生为服务对象，切实帮助大学生解决实际问题。要开展深入细致的谈心活动，帮助大学生解疑释惑。采取切实措施，帮助大学生缓解来自经济、就业、学习和生活等方面的压力，帮助他们培养良好的心理素质。全面普及有关心理健康的基本知识，以减少心理和行为问题发生的概率，增进学生心理健康的整体水平。

（二）学生主体性原则

学生主体性原则，直接、集中地体现着学校心理健康教育的本质特征。学生主体性原则的基本含义包括两个方面：一是学校心理健康教育是以全体学生为出发点，以增进其心理健康为目的，一切教育的内容和形式都是根据学生不同年龄阶段设计、组织和安排的；二是学校心理健康教育的任何内容和形式，唯有为学生所喜闻乐见、认可、接纳、内化，亦即通过学生的主体活动，才能充分调动他们的积极性和主动性，才能形成其智慧和潜力，从而形成健康的心理。积极引导大学生保持健康向上的心理状态，要把心理健康教育融入思想政治教育之中，开展深入细致的思想教育活动，做到“一把钥匙开一把锁”，化解矛盾，润物无声。要组织并引导大学生参加丰富多彩、形式多样的校园文化和社会实践活动，陶冶大学生高尚情操，促进其全面发展。通过各种活动，加强大学生思想、感情上的交流与沟通，努力营造有利于大学生健康成长的良好氛围。离开了学生的主体地位，任何形式的心理健康教育都毫无意义。

（三）参与性原则

学校心理健康教育是以学生和教师双方的充分参与为条件的。参与是学生个体表现自我和社会交往的需要，也是心理健康教育有效性的需要。唯有通过参与，才能使教师在心理健康教育中的科学辅导与学生对心理健康教育的实际需要相结合，才能收到理想的效果。任何健康心理都只能在参与活动的过程中形成和发展起来，参与的概率和程度直接影响着心理健康教育成效的大小。

要充分发挥课堂教学在大学生心理健康教育中的重要作用。高校要普及大学生心理健康教育，发挥哲学社会科学，特别是思想政治理论课中相关课程教学对提高大学生心理素质的重要作用。要结合实际，有针对性地开设相关选修课程。要不断丰富心理健康教学内容，改进教学方法，通过案例教学、体验活动、行为训练等形式提高课堂教学效果。

积极开展心理健康宣传教育活动。高校要充分发挥学校广播、电视、校刊、校报、橱窗、板报及校园网络的作用，大力宣传普及心理健康知识。要积极组织大学生心理健康宣传日或宣传周、心理剧场、心理沙龙和心理知识竞赛等活动，努力开办网上心理健康栏目，经常举办心理健康讲座。要支持大学生成立心理健康教育社团组织，发挥大学生在心理健康教育中互助和自助的重要作用。

（四）民主性原则

心理健康教育的重要任务之一就是全面地了解学生，增进学生的心理健康。在学校教育中，尽管教师和学生所处的位置不同，所扮演的角色不同，但他们在人格上是平等的，应该互相尊重、互相理解，遵循民主等原则。民主性原则和学生主体性原则是相辅相成的，因为只有在民主型的师生关系中进行心理健康教育，才能真正体现学生的主体性。只有坚持民主性原则，以真诚、友爱等态度对待每一个学生，成为学生的知心朋友或良师益友，学生才愿意亲近教师，对教师说心里话；教师才能了解和掌握学生真实的心理，心理健康教育才有针对性；心理健康教育才能在轻松愉快和乐观向上的气氛中进行，才能收到理想的效果。为此，教师在从事心理健康教育的过程中，必须充分尊重每一个学生的权利、意见和人格尊严，一切居高临下的说教、一切形式的讽刺挖苦和嘲弄学生的行为都是不可取的，都不利于学生心理健康教育的顺利进行。

（五）差异性原则

差异性原则，也称为个性化原则。学生心理发展的差异包括群体差异和个体差异。一般来说，同一年龄段的学生群体，其心理发展具有大体相同和相对稳定的心理特点，而不同年龄段或不同年级的学生群体则无论是智力因素和非智力因素都存在着明显的差异性。不仅智力因素如此，非智力因素的发展同样存在这样的明显差异性。学生群体心理发展的层次和水平上的这种差异性，要求我们在学生心理健康教育的过程中，教育的内容和形式都必须有针对性，必须符合不同年龄段或不同年级学生心理发展的特点，否则就难以收到理想的教育效果。

（六）多样性原则

多样性原则是由学生群体和个体心理的差异性、心理需求的多样性及心理与行为问题的复杂性决定的。为此，学生心理健康教育必须符合学生心理发展的特点，教育的内容应当是具体的、丰富多彩的，富有启发性、感染性的，教育的形式和方法应当是生动活泼、灵活多样的，为学生所喜闻乐见的，以求最大限度地照顾到其心理发展的差异性，满足不同阶段、不同层次和不同个体的心理需要，以提高其心理健康水平。

（七）预防为主和咨询调适相结合的原则

学校心理健康教育的根本目的在于面向全体学生，预防心理疾病，增进心理健康，促进心理发展，全面提高心理素质，因而必须坚持以预防为主和咨询调适相结合的原则，重在预防和发展。认真做好大学生心理辅导和咨询工作。高校要面向全体大学生，做好心理辅导和咨询工作。通过个别咨询、团体咨询、电话咨询、网络咨询、书信咨询、班级辅导和心理行为训练等多种形式，为大学生提供及时、有效、高质量的心理健康指导与服务。要做好新生、应届毕业生，特别是家庭贫困学生、学习困难学生、失恋学生、违纪学生、言行异常学生的心理辅导和咨询工作，帮助他们化解心理压力，克服心理障碍。发现存在严重心理障碍和心理疾病的学生，要及时到专业卫生机构进行治疗。只有坚持预防和促进发展，才能大面积、有效地帮助学生在其自身条件允许的范围内，达到心理功能的最佳状态，使心理潜能得到最大的发挥，人格得到和谐健全的发展，形成对学习、生活和社会环境的良好适应能力。同时，对少数学生面对学习、生活和社会交往等方面存在的困扰和成长中出现的心理危机及时有效地给予帮助和调节，对极个别有心理问题的学生给予积极有效的咨询指导和适当矫治，对出现心理障碍或患有心理疾病的学生要及时与其家长联系，提供建议，将其介绍到医疗性心理咨询和心理治疗机构，由专业人员给予治疗，以保障其心理健康。

二、大学生心理健康教育研究展望

（一）心理健康教育与思想政治教育结合的研究

在学校教育实践中，要遵循心理健康教育与思想政治教育的规律，将大学生心理健康教育与大学生思想政治教育紧密结合起来。把心理健康教育机制引入思想政治工作，这对增强思想政治工作的实效具有重要作用，有利于预防和消除心理疾病，有利于高校对人才培养目标的实现，这是促进和完善思想政治工作的必然。要对大学生心理健康教育与思想政治教育的有效结合途径和保证措施进行进一步的积极探索和研究。

（二）研究的理论成果与心理健康教育实践结合方式的研究

每个阶段的研究都强调加强大学生心理健康教育的必要性和紧迫性，这就反映出一个不容忽视的问题：虽然对大学生不断进行心理健康教育和相关研究，但并没有很好地起到预测、控制大学生心理健康问题的作用。有必要进行进一步的探索，寻求把大学生心理健康教育研究的理论成果更好地运用于实际教育工作的有效途径。国际著名心理剧大师凯特多年来倡导一种名为“心理剧螺旋治疗法”的创伤治疗模式。另外，学校实施心理健康教育的途径也要呈现多样化。

（三）心理健康教育与其他学科渗透融合的研究

当教学观从“双基观”发展到“智能观”以致后来提出强调非智力因素，最后形成全面素质观的过程中，我们可以看到，新的教育观重视开发智力，培养人的兴趣、情感、意志、个性，形成健全的人格，从心理的层面上开发人的巨大潜能。从这个意义上说，学科教学与心理教育有着相交相融的关系，学科教学是学校的中心工作，是学校教育的基本途径与主要方式，因此在学科教学中渗透心理健康教育就成为心理健康教育的主要途径。

（四）大学生网络心理健康教育的研究

网络时代的来临给新时期大学生带来了新的挑战和机遇，但同时也给大学生的心理健康教育带来了许多负面影响。应加强对大学生网络心理健康问题的研究，探索新的内容和途径，加强网络环境下大学生的心理健康教育。

（五）心理健康教育课程的研究

大学生心理健康教育已经引起教育界甚至整个社会的重视，各高校虽然已经将心理健康教育课程全部面向学生开设，通过必修课的形式面向全体学生开放，让更多的学生了解心理健康的重要性和学会自我调节心理健康状况的方法，但由于师资等原因，仍然有很多高校的心理课程并没有受到重视，无法如其他公共课或专业课一样，难以调动学生的积极性和参与度，课堂教学效果也可想而知。

第三章　高校学生心理健康咨询与辅导

第一节　大学生心理咨询的基本认知

适当的心理咨询能够及时、有效地帮助大学生解决其在发展过程中出现的心理问题，从而实现自身的良好发展。本节内容主要围绕大学生心理咨询展开论述，包括大学生心理咨询的含义、要素及其基本原则等方面。

一、心理咨询的构成要素

（一）接受心理咨询的对象

心理咨询的服务对象一般都是正常的普通人，具体来说，我们可以将其分为以下几种类型：

第一，健康人群。在现实生活中，即使是健康人群，在面对诸如婚姻、择业、求学、晋升、社会适应等问题时也难免会产生一些心理方面的疑惑。

第二，心理健康出现问题且需要帮助的人群。这类人群长期处于一种内心的困惑、冲突状态，并无法通过自我调节来解决自身的心理问题，因而需要进行心理咨询。

第三，经过临床治愈之后的精神病患者。这类人群通过进行合理的心理咨询，可以逐渐恢复社会功能和生活功能。

（二）心理咨询师

一个合格的心理咨询师必须受过专业的心理咨询训练，并达到相应的专业水平。

（三）专业理论知识

心理咨询是一种专业性很强的工作，需要运用专业的心理学知识、理论和方法等对求助者提供心理援助。虽然非专业的劝解也可能使有关心理问题有所好转、症状减轻等，但其不属于心理咨询。在日常生活中，应该注意将心理咨询与非专业人员通过其良好的态度进行安慰和劝告等方式区分开来。

(四) 良好的咨询关系

心理咨询要求良好的求助氛围，这是进行心理咨询的必要条件，只有在良好的人际关系氛围中，求助者才能更容易坦诚内心的真实想法，向心理咨询师诉说自己的心理问题。只有在这种情况下，才能真诚地商讨和解决问题。从某种意义上来看，咨询关系的好坏对咨询效果的好坏起着决定性的作用。

(五) 一定的治疗程序

在心理咨询过程中，必须严格遵循心理学的基本理论及规范，严格按照治疗的程序开展心理咨询。需要指出的是，心理咨询解决的是心理问题或由心理问题引发的行为问题，而不是解决心理生活中的细枝末节。例如，有的大学生有考试焦虑的问题，这些学生进行心理咨询需要做的是通过咨询使焦虑情绪得到调整，以积极的心态面对实际问题，而不是帮助其缓考或者教授其怎样考试、怎样获得高分等。

(六) 帮助活动

心理咨询是一种帮人领悟、助人成长的活动。但是在心理咨询中，心理咨询师不应该替求助者做出决策，其所提供的帮助活动，不仅要使人开心，更应该真正帮助求助者个人成长。心理咨询的好处，就在于通过引导咨询者，使其能够豁然开朗，最终依靠自己的力量解决自身存在的心理问题。

二、大学生心理咨询的类型

按照不同的标准，我们可以将大学生心理咨询划分为不同的类型。具体来说，大学生心理咨询活动主要有以下几种类型：

(一) 根据咨询的内容进行分类

1. 健康咨询

所谓健康咨询，就是指当求助者感到发展过程中产生的心理冲突影响到生活和工作并难以自行排解时，所进行的心理咨询活动。在健康咨询过程中，心理咨询可提供专业的咨询服务和较为系统的分析、疏导，以缓解求助者的情绪困扰，解决其心理冲突。健康咨询的目的是排除心理困扰，减轻心理压力，改善适应能力。例如，有学生因学习成绩不理想而陷入焦虑和忧虑之中，心理咨询师对此所进行的心理咨询就属于健康咨询的类型。

2. 发展咨询

在现代社会中，绝大多数人都要面对求学、择业等问题，人们都期待做出理性的选择，顺利地度过人生的各个阶段，从而使自身能力得到最大限度的发挥，努力提高自己的生活质量。人们就这方面问题所进行的心理咨询活动就是发展咨询。在发展咨询过程中，心理咨询师可以从心理学的角度，为求助者提供中肯的发展咨询意见，给出必要的指导和帮助。人们进行发展咨询的目的主要是更好地认识自己的能力，提高学习、生活质量，实现自身的不断发展。

（二）根据咨询的形式进行分类

1. 电话咨询

现代社会中的通信科技相当发达，借助电话这一通信手段进行心理咨询，可以简便而又迅速地解决大学生存在的一些心理方面的问题，尤其是对于处理心理危机效果十分明显。一般来说，高等院校的心理咨询中心都有专用的咨询电话号码。对于一些不愿到咨询室进行面询、不愿暴露真实姓名和身份的求助者来说，通过电话向咨询者倾诉内心的烦恼，能够有效降低求助者的顾虑，缓解精神压力，并得到咨询者的心理支持，因而具有较强的适应性。

有些高校中的心理咨询工作人员 24 小时轮流值班，从而为咨询师和求助者的心灵沟通架起了桥梁。电话咨询是危机干预的重要手段，当一个人由于一时冲动而准备采取某种冒险行为的时候，当苦恼至极、痛不欲生的时候，通过电话心理咨询，可以得到心理咨询师的支持、关怀和温暖，在心理上得到开导和慰藉，从而打消一些极度消极的念头。正因为如此，有些人将电话心理咨询称为“希望线”或“生命线”。

从客观角度来看，电话咨询也存在着一定的缺陷，这样的心理咨询方式不能直接观察和了解求助者的状态，由于通话时间有限，咨询者常常不能深入地了解求助者。由此可见，在大学生心理咨询工作中，电话咨询主要是用于回答一些知识性问题和临时缓解一下求助者的精神压力。要想从根本上解决大学生出现的心理问题，还是需要与咨询者进行更为详细的面谈。

2. 门诊咨询

在当前阶段下，国内一些精神病院、综合医院、大专院校、科研机构都设立了相应的心理咨询门诊，有条件的地方还设立了独立的心理咨询机构。人们通过门诊心理咨询，可以及时地发现自身存在的一些心理问题，随时进行语言交流和心理指导。门诊咨询属于一种较为常见的咨询方式。

3. 书信咨询

对于不愿意或不方便与咨询者面谈的求助者来说，可以选择书信咨询的心理咨询方式。客观来说，在书信咨询过程中，由于求助者与咨询者不能面对面交谈以及受书信所含信息量低、交流次数少和求助者文字表达能力的限制，咨询师一般难以准确把握求助者的问题，只能提出一些原则性的或具有概括性的指导意见。因此，书信咨询只能初步了解求助者的一些基本情况，进行安抚和稳定情绪的工作，最终还是需要通过门诊咨询来进行更为深入的探讨。

4. 互联网咨询

在当代社会中，随着互联网技术不断取得突破，许多心理咨询者已经开始利用互联网来进行心理咨询活动，为求助者提供帮助。由于互联网咨询可以突破地域的限制，凭借精确的软件程序进行心理问题的评估与测量，因而可以更方便、更准确地记录下咨询的全过程，便于反复思考、温习或进行案例讨论。

（三）根据咨询的规模进行分类

1. 团体咨询

所谓团体咨询，就是指在团体情境中为团体成员提供心理帮助与指导的心理咨询形式。在团体咨询活动中，团体成员可以在相互交往的过程中进行观察、学习、体验，认识自我、探讨自我、接纳自我，并改善与他人之间的关系，形成新的合理的态度与行为方式，进而提高自身生活的适应性，促进自身更好地发展。一般情况下，团体咨询的规模因参加者的问题性质不同而呈现明显的差异，有时会多达几十人，但一般不会低于3人。

客观来说，团体心理咨询活动容易为大学生所接受，而且较为符合高等教育的特点，能够有效解决大学生存在的心理问题或心理矛盾。但是，团体咨询也存在着一定的局限性，如保密性不强，求助者在初期有防御反应等。由此可见，团体咨询在大学生心理咨询活动中主要是用于解决一般性的心理问题，不具有个别针对性。

2. 个体咨询

在进行个体咨询时，需要创设一个可靠、安全的环境，使得咨询人员与求助者建立彼此信任的、一对一的关系。个体咨询活动中，咨询者与求助者存在着最大限度的个人接触的可能性，从而使咨询存在着一定的优势。这些优势主要表现在以下两个方面：

一方面，咨询人员可以直接对求助者进行观察，有助于对求助者的个性、心理健康状况、心理问题的严重程度和当时的心态有一个准确的了解，从而能够做出合理的诊断。个体咨询属于一对一的咨询，在这种情境中，求助者易于消除顾虑，吐露内心深处真实的想法。

另一方面，求助者可以将心中的烦恼、焦虑、不安或困惑直接告诉咨询人员，咨询人员通过耐心的倾听和仔细的分析，对求助者的心理问题进行面对面的询问、讨论和分析，进而为求助者提供具有针对性的心理帮助。

三、心理咨询的任务及其基本原则

（一）心理咨询的任务

1. 面对现实问题

有一部分人总是趋向于用逃避的方式来面对生活中存在的问题，他们花很多时间来回忆过去，幻想未来。事实上，人们进步的主要方式是同“目前”打交道，把握现在。当人们逃避现实或用不坦率的态度对待现实时，就会使自身陷于无尽的困扰之中。对于这种情况，咨询师应该引导其对自己、他人、环境有一个客观、公正的认识，把身心集中在现在；引导求助者回到现实中，引导他们用心去思考当前的现实问题。

2. 深化自我认识

很多人终其一生也没能对自己有一个正确的认识。通过心理咨询，可以引导人们去认识真实的自己，去面对现实的生活。总而言之，人们只有对自己有了正确的认识，真正了解到自己的需要、态度、动机、长处和短处等，才能够根据实际情况来绘制生命蓝图，努力创造属于自己的生活。心理咨询能协助求助者正确认识自我、接纳自我，并通过不断的努力，实现自我的不断发展和超越。

3. 认识内部矛盾或冲突

人们通常认为，产生心理问题的原因在他们自身之外。在进行心理咨询的过程中，心理咨询师要让求助者认识到，大部分心理问题的产生，是由于自身人格方面的问题或者为人处世态度的问题。通过咨询使求助者意识到，大部分心理问题是源于自己未解决的心理冲突，而不是外界因素。客观来说，外部环境不过是一个舞台，人们大部分的心理问题或冲突都是产生于内部，表现于外部舞台之上。

4. 调整不合理观念

许多进行心理咨询的人都有着不同程度的错误观念，正是这些错误观念致使其产生各种心理矛盾或冲突。有些人经常确信自己的动机和需要是合理的，认为自己在认知上不存在偏差。对于这些人来说，心理咨询使其有机会审视其观念和理解的正确性，并了解到这些观念与许多本来可以避免的困境之间的因果关系，进而形成正确的、现实的观念。

5. 增强心理自由度

在咨询过程中，心理咨询师要帮助求助者认识到，一个人成长的道路总是与不完善和不足相伴的，应该允许那些不完美或者缺陷的存在。求助者不愿让别人失望，咨询师就给他使别人失望的自由，从而使其得到解脱。

心理咨询也容许矛盾的感情同时存在。例如，当朋友取得成功后，既可能会为朋友取得的成就而感到高兴，也可以存在一定的嫉妒之情。客观来说，当人们触及自己矛盾的情感并表示接受的话，就会获得心理自由。

6. 构建新的人际关系

一名优秀的心理咨询师，需要将丰富的人际关系知识和帮助他人的技巧运用到心理咨询过程中。从本质上来说，心理咨询关系应该是一种诚实的、相互理解的人际关系，这样才能达到最好的心理咨询效果。

一方面，心理咨询为求助者提供了真诚的机会，使其直抒胸怀而不必承担破坏性的后果。求助者通过将与咨询师建立、发展关系的有益经验运用于现实生活中，处理自身在现实生活中遇到的相关人际问题。另一方面，咨询师应该用带有善意的、真诚的态度来回答求助者提出的疑问或困扰。

7. 形成新的有效行为

咨询师要帮助求助者形成新的有效行为。这里所说的“新”，要求是过去未尝试过的；“有效”，即行动能够满足需要。只有协助求助者采取合理而有效的行动，才能真正消除其心中的困惑，解除其心中的困扰。客观来说，心理问题的要害并不是因为人们控制不住自己的思想、欲望，而在于通过一定的行为使其欲望或者需求得到满足。科学、合理的心理咨询可以使受不合理行为模式困扰的求助者，在咨询师的启发、鼓励和支持下摆脱苦恼，构建新的、有效的行为模式，找到新的心理平衡点。

（二）心理咨询的基本原则

1. 助人自助原则

我们必须认识到，心理咨询不是代替求助者解决问题，而是帮助求助者挖掘自身的力量对自身问题进行解决。在咨询过程中，心理咨询师不是要替求助者出主意、想办法，而是帮助和引导其对存在的问题进行分析，找出问题的关键或来源，让求助者自己找出解决问题的方法，从而使自身心理能够得到成长。从某种意义上来说，心理咨询应当是一种“授人以渔”的咨询活动。

2. 整体性原则

人的身心各方面是一个相互联系的有机整体，不仅知、情、意、行之间有密切的联系，心理因素与生理因素之间也有着不可分割的联系。另外，个体身心因素与外部环境，特别是社会环境，也存在着错综复杂的联系。由此可见，心理咨询工作者应该从整体上考察和分析求助者产生心理问题的原因，进而提出相应的咨询对策和措施。

3. 保密原则

就心理咨询活动而言，咨询人员应该保守求助者的内心秘密，对于与求助者的来往信件、测试资料、咨询档案等材料都应该进行妥善保管；不得在任何场合谈论求助者的隐私问题，除非征得求助者的同意。

4. 尊重求助者原则

求助者寻求心理咨询完全出于自愿，在心理咨询活动的整个过程中，求助者个人有权决定是否接受或继续心理咨询，咨询机构或咨询师要完全尊重求助者的选择，不能进行主观强制。但对于迫于父母或教师等的要求而来访的特殊求助者，应该接待其来访。

5. 限定原则

（1）关系限定

心理咨询师在心理咨询工作中应以本专业的道德规范为基准，与患者建立良好的咨询关系。不得与求助者发展心理治疗以外的社会关系，不得利用求助者对自己的信任或依赖谋取私利。一般情况下，应该回避为亲友和熟人实施心理咨询。

（2）时间限定

心理咨询活动要有一定的时间限制。具体来说，每次心理咨询的时间一般不应超过一个小时，初次咨询可以适当延长咨询时间；每周进行心理咨询的时间和频率要相对固定，不能随意延长或间隔咨询时间。除此之外，心理咨询活动一定要按计划开始或结束，若无特殊情况不能随意更改。

（3）感情限定

在进行心理咨询活动的过程中，心理咨询师要尊重求助者，并保持自身的客观身份，不得将个人的认识、判断强加给求助者，不得用自己的想法代替求助者的想法，咨询师不得在咨询中谋求个人情感和实际利益等。

6. 延期做出重大决定原则

求助者在进行心理咨询的过程中，可能会出现情绪不稳定或者意志动摇的情况，原则上应该劝其不要做出退学、转学之类的重大决定。在心理咨询结束后，求助者的情绪、心情平静下来后做出的决定，往往要更加理智，不至于因为之前的错误决定而后悔。

四、大学生对心理咨询的错误认识

（一）心理咨询相当于谈话

事实上，心理咨询确实是通过谈话的方式进行的，但是，心理咨询与一般的谈话之间存在着巨大的差异。具体来说，心理咨询涉及心理学的专业理论知识，还有社会学、医学等方面的知识，有严格科学的理论体系和操作规程；一般的谈话或者交流则不需要过多的专业知识或理论。

（二）心理素质好的人不需要做心理咨询

心理咨询的工作并不仅仅在于解决心理危机和心理问题。无论一个人多么坚强、聪明、正直、热情和博学多识，不可能每时每刻反省自己，也不可能始终站在局外人的立场审视自己，更不可能在任何时候、任何场合都对自己有一个十分正确、清楚的认识。在很多时候，个体需要借助别人的智慧来评判自己或为进行自我评判提供依据。心理咨询是一面比较标准的镜子，可以不变形地从各个角度正确了解自己，使个体在日常生活中更好地扬长避短，正视自身成长过程中存在的缺点或错误，从而促进人生的进步与成功。

（三）心理咨询主要针对不正常的人

在当前阶段下，很多大学生存在着这样一个错误认识，那就是只有心理不正常的人，才会需要心理咨询。在这种观念的影响下，这些学生认为寻求心理咨询是一件很丢人的事情。事实上，人的情绪有高潮也有低潮，觉得心里不舒服就要寻找解决的途径，心理咨询只是其中一个相对较为有效的解决方法或途径而已。在美国，不少人像拥有自己的律师和医生一样拥有自己专门的心理咨询师，这些人认为，认识到自己有心理问题并寻求帮助是一件有益于自己的事情，而绝不会感觉到丢脸。

（四）心理咨询师能够透视人的内心

有些人认为心理学是一种神秘学说，把心理咨询过分复杂化和神秘化，认为心理学同算命先生、占卜、特异功能等没有区别。实际上，心理咨询师没有特异功能，只不过是在心理咨询过程中，运用所学的有关心理方面的理论或者技巧，根据求助者的语言和观察求助者的言行举止，进而根据自己的理智做出判断。如果想要从心理咨询中获得最大的帮助，求助者需要和心理咨询师充分合作，并给予其充分的信任，从而达到良好的咨询效果。

（五）心理咨询应该是一种公益行为

有人认为，心理咨询是做善事，是助人的事情，因此不应该收费或者不应该收取较高的费用。事实上，在心理咨询过程中，心理咨询师需要付出强度极高的脑力劳动，理应获得与之相应的劳动报酬。在国外，只有部分富人才看得起心理咨询师，相对来说，我国的心理咨询收费还是比较低的。高校大学生在学校进行心理咨询基本上都是免费的，高昂的咨询成本是由学校承担的。因此，大学生更应该合理利用这种资源，及时解决自身存在的心理方面的问题。

（六）在咨询以外的时间也希望和心理咨询师取得联系

求助者和心理咨询师之间是一种咨询关系，不需要也不应该在心理咨询以外的时间进行接触，同时，还要尽可能避免发展成为咨询以外的朋友关系或其他任何关系。但是，在特殊情况下，咨询师也可能会根据实际需要将联系方式留给求助者。

在心理咨询时间之外，求助者如果有非常重要或者非常严重、紧急的事情需要咨询时，咨询师可以跟他联系。若不是非常重要或者紧急的事，最好放在咨询时间内进行交谈。除此之外，求助者最好将自己恰当的联系方式（如电子邮箱）告诉心理咨询师，以便咨询师在特殊的情形下能取得和求助者的联系。

（七）将心理咨询师当作“救世主”

还有一部分人将心理咨询师当作“救世主”，希望其帮助自己解决所有心理问题，而自己无须思考、无须努力、无须承担责任。从客观角度来说，心理咨询师提供的是分析、引导、启发、支持、促进求助者改变和成长等方面的帮助，他无权把自己的价值观和愿望强加给求助者，最终能够解决自身心理问题的，只有求助者自己。求助者必须认识到，在自己的心灵世界中，“救世主”就是自己，也只有自己可以为自己负责。

（八）心理咨询要一次性根除问题

很多人的心理问题是在日积月累中逐渐形成的，这些问题不可能通过一两次的心理咨询就全部解决。几乎所有的心理问题都与当事人的性格有关，心理咨询的最终目的是使个体的心灵得到成长，而心灵的成长需要一定的耐性和时间，不能指望一蹴而就，更不可揠苗助长。

（九）心理咨询的效果是绝对的

有一些人将心理咨询神化，认为心理咨询师神通广大、无所不能，什么样的心理问题都能够迅速解决。因此，有的学生一旦遇到一点问题、困惑，只是向学校的心理咨询老师咨询一两次，如果没有达到其所期望的“豁然开朗”的心境，没有得到解决问题的“金点子”，就再也不来了，或者再也不相信心理咨询了。

客观来说，心理咨询是一个连续的、渐进的改变过程。心理问题常与求助者的性格及生活经历有关，求助者没有强烈的自我改变动机，没有恒久的决心与内心的顽疾抗衡，是难以使自身存在的心理问题得到根本解决的。

第二节 大学生心理咨询的流程与内容

在当代社会中，心理咨询是一项专业性较强的工作，心理咨询师应该按照一定的流程对大学生的环境适应、学习问题等进行咨询，给予其相应的帮助，使心理求助者有效地解决其自身存在的问题，本节内容主要对心理咨询的基本流程和主要内容进行阐述。

一、心理咨询的一般流程

（一）求助者咨询前须做好的准备

为了保证心理咨询的有效性，求助者在进行心理咨询之前应该做好必要的准备，主要包括以下几个方面：

1. 具备主动咨询的意愿

心理咨询活动主要以语言沟通为基础，要实现双方的良好沟通，必须确保求助者存在进行心理咨询的意愿。求助者在进行心理咨询之前，应该有主动咨询的愿望，要有自愿沟通的态度。一般来说，求助者的求助动机越强，其受到的咨询效果也就越明显。

2. 具有自助意识

咨询关系一旦建立，求助者要形成一种自助意识，不要一味地等待心理咨询师提示自己该做什么或不该做什么，也不要期望咨询师为自己做出决策。通过进行心理咨询，咨询师可以帮助求助者澄清事实，分析利弊，开阔和转变思路，疏导不良情绪，挖掘求助者的优势和潜能。但是，心理咨询师不能也不应该替求助者做出决定，最终的决策权应该掌握在求助者自己的手中。

3. 明确所需解决的问题

求助者在进行心理咨询前，需要对自己接受心理咨询的目的，咨询要解决什么问题，如何阐述自己存在的问题等进行较为系统的整理，从而使自己和咨询师双方都能够明确咨询的目的。

4. 了解和遵守咨询时间限定

为了保证咨询的效果，可以像体育比赛一样对心理咨询进行时间限制。通常情况下，简短的会谈和必要的信息量有助于求助者学习与接受，心理咨询的时间一般应该以 50 分钟左右一次为宜。要不然，时间过长、内容过多，反而会使求助者陷入混乱，从而不能对咨询的核心内容有一个清晰的认识。如果没有特殊情况，求助者进行心理咨询之前，一般要与心理咨询师提前预约，求助者应该按照约定时间准时去咨询。

5. 选择心理咨询师

在进行心理咨询前，求助者可以通过专业机构对心理咨询师的介绍，详细了解各咨询师的职业背景、执业资格、咨询经历等，不要找那些没受过专业培训、不具备专业资格的人员，以减少咨询的盲目性。好的心理咨询师总是努力去理解求助者而不是对求助者进行控制，会使求助者感觉到安全、舒适、被尊重、被接纳，能够让求助者产生新的认识而不是用其观点来对求助者进行灌输。有时候为了方便咨询，还可以找同性别的咨询师。

6. 认真执行咨询计划

根据行为主义学派的观点，行为习惯的形成是一个条件反射建立的过程，要养成一种健康的行为习惯，需要将这种计划付诸实践。在心理咨询过程中，咨询者要同求助者密切配合，共同制订咨询目标和计划，贯彻落实各个阶段的咨询计划与步骤，认真完成各种实践作业，做好各个阶段的总结工作，以收到良好的效果。

7. 具有充分的信心与耐心

心理咨询是一个循序渐进的过程，要严格按照一定的流程和步骤来进行。具体来说，心理咨询过程中遇到的问题需要渐进解决，设立的目标需要逐步实现。有时求助者的心理问题会出现反复，这就要求求助者具备咨询的信心和耐心，避免出现厌烦心理。

（二）咨询师实施心理咨询的各个阶段

1. 初步探索阶段

（1）建立良好的咨询关系

心理咨询的第一步是建立求助者与咨询者之间良好的心理咨询关系，这是咨询成功极为重要的一步。良好的咨询关系可以帮助求助者对咨询者建立足够的信任，打消求助者的疑虑和不安，使其能够展示自己的内心世界，方便其向咨询师倾诉自己的内心感受。

（2）收集相关的材料

在收集相关资料的工作中，心理咨询师主要通过观察、访谈、心理测试、问卷调查等手段收集资料，对求助者各方面的信息进行了解。

第一，人口学资料。对求助者的个人成长史、个人健康史、家庭健康史，个人教育背景、生活方式，对自己家庭及成员的看法、社会交往状况，目前生活、学习、工作状况等有所了解。

第二，对求助者的精神症状、自知力，自身心理问题发生的时间、痛苦程度以及所带来不良影响的性质和强烈程度，与心理问题相应的测量、实验结果等有所了解。

第三，求助目的与愿望，求助者的访谈、举止、情绪状态、理解能力等。

第四，自我心理评估。求助者对自己的优缺点、习惯、爱好，对工作、家庭、婚姻的看法，对个人能力和生存价值的评估，近期存在的问题等进行了解。

2. 分析与评估阶段

通过初步探索阶段的一系列准备工作，心理咨询师对求助者的身心健康状况进行归纳总结，形成初步的印象，并确定本次心理咨询工作的目标。在此基础上，对所收集到的有关求助者的材料进行全面且系统的分析，找出问题的关键所在。合理的资料分析步骤如下所述：

第一，按时间顺序对收集到的所有资料进行排序。

第二，按可能的因果关系剔除那些与症状无关的资料。

第三，将所有症状按时间排序，再按因果关系确定主症状和派生症状。

第四，分析比较所获资料，解释相关的主因、诱因与临床症状的因果关系。

第五，确定心理问题的性质、产生的原因以及严重程度。

3. 制订并实施咨询方案阶段

心理咨询师以分析评估的结果为依据制订并实施咨询方案。在这一阶段，咨询师主要根据自身咨询经验，选取合适的咨询或治疗的理论和技术，分析、解释、指导、训练、矫正求助者存在的心理问题，从而影响或改变求助者。

除此之外，咨询师还要克服求助者的心理防卫，调动其主观能动性，使其积极地学习、接受、领悟新的认知方法和情绪调节，从而逐渐实现咨询目标。

4. 评估咨询效果与终止咨询阶段

每次心理咨询谈话结束之后，咨询者应进行概要的总结，评估求助者的变化和干预措施的效果，肯定其所取得的成绩，并为下一次的心理咨询谈话提出要求。与此同时，咨询师还应该根据咨询效果和求助者的发展要求，调整、修改咨询方案，确定终止咨询的时间。

5. 巩固与追踪阶段

人们具体心理问题的改善通常需要一个过程，有时候甚至需要几十次的心理咨询才能巩固效果。一般来说，心理咨询有了一定效果之后，可以暂时终止定期咨询，通过检验了解求助者是否具有独立处理问题和适应社会的能力；也可以建立长期的随访联系，方便解决求助者的一些突发事件或问题。

从整体上来看，心理咨询是一个完整的过程，本书主要为了方便讲解才进行阶段划分。在实际操作中，经常会出现上述几个阶段相互重叠交叉的情况。因此，心理咨询师可以根据实际情况灵活应用，不要将心理咨询流于形式或程序化。

二、大学生心理咨询的主要内容

（一）学习

1. 对缺乏学习动机者的心理咨询

（1）使求助者明确学习意义

在高校中，心理辅导教师可以采取生动的、适合学生心理发展水平的教育方式，将学习与现实社会生活、个体的健康全面发展联系起来，使学生充分认识到学习的社会价值与个体发展价值，并产生强烈的学习需求和学习成就动机，提升其抱负水平。

（2）帮助求助者习得一定的学习技能

对学生每一门课、每一节课学习的质与量、重难点等都要做出科学合理的预期和规划，从而使学生明确学习目标，并以此引导和激励学生努力学习。

（3）及时评价、反馈学习表现与结果

科学评价并及时反馈学生在各学习环节中的表现与学习成绩，有利于形成、强化与调节学生的学习动机，使学生产生学习兴趣。

（4）创设成就情境

一般来说，成功的经验会增加学生的自我认同感和自我效能感。不断创设成就情境，给学生分配力所能及的学习任务，使学生获得成功的体验，或者使其观察到周围同等能力的同伴所能够产生的成就行为，从而增强其自我效能感，增强成功经验，形成正确、积极的学习动机。

（5）引导求助者对学习问题进行归因

在大学里，心理辅导教师要结合具体的学习任务与学习情境，合理利用考试、竞赛、作业等手段，引导学生从努力程度、学习方法、记忆技巧等个人内部因素对学业成败进行正确、合理的归因。

2. 考试焦虑的咨询

（1）进行放松训练

所谓放松训练方法，就是指通过呼吸法、暗示法、表象法和音乐法等一步步放松人体的肌肉，使大脑逐渐入静，从而调节中枢神经系统的兴奋水平，缓解使人紧张的焦虑情绪，从而增强大脑对全身的控制支配能力。

（2）进行系统脱敏

这里所说的系统脱敏，主要是对交互抑制原理的利用。根据交互抑制原理，在放松状态下，人的情绪与焦虑是相互抵抗的。这也就是说，当人处于放松状态时必然会抑制焦虑和紧张状态。

（3）进行认知调控

对学生的认知调控要做好三个方面的工作：第一，坚决杜绝学生用“我糟糕透了”之类的消极语言暗示自己。第二，适当减轻周围环境的压力，面对考试的压力和担忧，自己和自己辩论，运用理性情绪疗法调节认知上的偏差。第三，消除因一两次考试失败和一两科考试失误而对自己形成的错误认识，不要以偏概全，也不要认为自己不行，更不能丧失学习的信心。

3. 对学习动机过强者的心理咨询

(1) 确立合理的期望值

通常情况下，学习动机过强的学生往往会得到家庭、学校、社会的肯定和支持。客观来说，人们的这种称赞会对这些学生的期望进行不适当的强化，使他们看不到动机过强的危害，从而使问题不断堆积。除此之外，严厉的家庭教养方式和父母的过高期望，也会使学生形成不合理的学习动机。为了大学生的身心健康发展，我们需要让学习动机过强的学生冷静下来，让他们客观地思考和评估自身的实际情况，从而确立合理的期望值。

(2) 形成针对成功的合理信念

在高校中，学习动机过强的学生往往拥有这样的认知模式：“只要我付出了努力，我就会获得成功。”事实上，努力是成功的必要条件，但不是唯一条件，努力勤奋并不必然导致成功。因此，应帮助学生树立只有努力才有可能成功这一正确的认知模式。

(3) 合理设置个人目标

一般来说，学习动机过强的学生往往会对自身条件和现实状况存在着过高的期望，从而设置一个可望而不可即的目标，导致对自己过于严格、过于苛刻。由此可见，应该引导学生结合自身实际情况，确立合理的个人目标。

(二) 环境适应不良

环境适应不良是指因生活、学习和工作环境发生了重大改变，而造成自身思想、情感和行为偏离社会生活规范轨道的现象。对于存在环境适应不良情况的大学生的心理咨询，应当重视以下几个方面：

1. 获取社会技能与知识

从本质上来说，社会适应不良是由于某种社会适应知识或技能的缺失所造成的。因此，我们应该重点关注有关适应社会的知识和技能的教育，将其引入学校及家庭的教育当中去，以促进高校大学生更好地适应家庭、学校或社会生活。

2. 人际关系网络建设

人类社会适应最主要的就是对于人际关系的适应。良好的人际关系能够使人们心情愉快，并能在交往过程中建立自信，形成良好的性格和个性品质。如果人际关系不佳，就容易使人感到孤独寂寞，并产生各种烦恼。

3. 挫折教育

只有经历了各种不同的困苦与挫折或与困难作斗争，才能够逐步提高自己克服困难、走出困境的勇气与能力，并做好迎接下一次挫折与困难的心理准备。

（三）人际交往

1. 帮助大学生学习幻想害怕技术

幻想害怕技术的主要任务是进行角色扮演，请一个朋友来扮演自己，而自己扮演嘲笑别人的人，并请扮演自己的朋友自由作答，在这一过程中，往往可以发现并没有什么值得被他人嘲笑的地方，而嘲笑者则显得很是无聊。由此可见，这种幻想害怕技术可以有效地帮助学生客观地看待自己。

2. 帮助大学生学习自我暴露技术

合理运用自我暴露技术，有足够的勇气将自己的不安、焦虑，以及在人际交往中的不如意向别人和盘托出，坦然承认或公开表达出自己的不足，就会因此得到别人的宽容或理解，从而建立良好的人际关系。这种技术是克服人际关系不良的有力解毒剂。

目前，不少大学生对自我暴露技术产生疑虑，认为这一方法会损害自己的名誉，或被人嘲笑，以致不能取得理想的效果。虽然这种看法毫无道理，但想要在短时间内改变他们的这一看法又存在着较大的难度。

3. 帮助大学生学习羞辱攻击技术

对于人际交往方面存在问题的大学生来说，合理运用羞辱攻击技术，能够使其以一种大胆的方式直接面对忧虑，如在公众场合直接向大家暴露自己的弱点等，从而逐渐克服不良人际关系。这样做的好处是能够使学生意识到问题没那么严重，可以清楚地看到自己的那些焦虑在旁人看来其实是无关痛痒的。

（四）恋爱

大学生在恋爱的过程中，其思想、心理和行为往往会得到很大程度的改变。由于大学生人生阅历不足，缺乏经营爱情的经验，因而经常会出现一些恋爱问题。在恋爱心理咨询中，咨询师要注重以下两点：

1. 培养爱的能力

第一，培养给予爱的能力和接受爱的能力。大学生要能理智分析自己的情感，敢于表达、善于表达；要具有迎接爱的能力，懂得爱是什么，知道自己喜欢什么、适合什么；对自己、对他人、对万事保持敏感和热情；主动关心他人；面对别人的示爱，能及时、准确地对爱做出判断，并做出接受、谢绝或再观察的选择；对于求爱拒绝或拒绝求爱所引起的心理紊乱能够进行较好的调节。

第二，提高恋爱挫折承受能力。恋爱是人生中一段重要的历程，通过适当的情绪调节、宣泄和转移，来减轻痛苦，往往会使自己更加成熟。

第三，培养拒绝爱的能力，学会拒绝自己不愿接受的爱。在面对并不希望得到的爱情时，要勇敢、果断地说“不”。另外，也要掌握恰当的拒绝方式，因为珍重每一份真挚的感情是对他人的尊重，也是对一个人道德情操的检验。

2. 帮助大学生形成健康的恋爱行为

大学生谈恋爱应该培养自身健康的恋爱行为。例如，为人要大方，要注意行为举止的检点，不要过早地做出亲昵动作以使对方反感；相互了解，不要无休止地盘问对方，不要任意伤害对方的自尊心；恋爱言谈要文雅，交谈要自然、坦率诚恳，不要矫揉造作、出言不逊或举止粗鲁；善于控制感情，克制或者调节内心的冲动，注意情感的转移和升华，与恋人多谈谈学习和工作，把恋爱行为限制在社会规范内等。

第三节　大学生朋辈心理辅导

在大学生心理健康教育实践中，朋辈心理辅导是一种重要的心理辅导形式。朋辈心理辅导具有实施方便、推广性强、见效快的特点，因而受到大学生的普遍欢迎。朋辈心理辅导不仅能够在专业老师的督导和培训下，帮学生解决一些心理上的问题，而且还能对一些有助人意愿、有助人能力的学生进行专门的培训，使其具有一定的心理辅导能力。本节内容主要围绕高校朋辈心理辅导进行较为系统的探究。

一、大学生朋辈心理辅导的基本内涵

（一）朋辈心理辅导的含义

朋辈心理辅导，即由受过半专业训练并在专业人员督导之下的人员，通过运用积极倾听、问题解决技巧以及关于个人成长和心理健康的知识等，对需要帮助的朋辈提供倾诉、支持或者辅导的服务。这里的“朋辈”，含有“朋友”“同辈”等意思，主要是指在年龄、地位、知识和生活方式等方面基本相当的群体。为了促进大学生朋辈心理辅导活动的开展，高校心理健康教育职能部门可以通过培训和督导一批自愿从事心理援助的学生，在心理辅导基本原则的指导下，对周围需要心理帮助的同学给予心理开导、安慰和支持，提供一种具有心理辅导功能的服务。

（二）朋辈心理辅导的作用

在大学生群体中开展朋辈心理辅导，主要可以起到以下几个方面的积极作用：

1. 让大学生的心理保健需要得到满足

随着社会的不断发展，现代人对自己的心理保健更为关注，尤其是当代大学生，他们承受了诸多沉重的压力，因而对心理保健的需求也日益突出。另外，大学生所受心理困扰的层次有一定的差异性，无论是一般的适应问题，还是严重的心理障碍，甚至是精神疾病都有发生的可能性。其中，多数大学生的问题都是在较短时期内的心理困扰。而这些问题实际上完全可以由经过培训的朋辈辅导员进行处理。这不但可以让心理辅导教师不足的问题得到有效的缓解，而且可以让大学生日益增长的多层次的心理保健需要得到充分的满足。

2. 缓解专业辅导人员不足的压力

通过开展朋辈心理辅导，让朋辈辅导员分担专业辅导教师的相关工作，从而使专业辅导教师可以有更多的时间和精力去处理更为迫切的个案。这对于学校心理辅导整体效果的提高，有着十分积极的促进作用。

3. 提高辅导的时效性

在大学校园中，由于学习与品性上比较优秀的学生不但能够给其他同学起到表率作用，同时更重要的是他们能够广泛地与同学进行接触，所以与专业心理辅导教师相比较而言，他们更容易发现大学生的问题，而且也更容易及时和同学进行沟通。为此，朋辈心理辅导员选择的对象通常都是这些学生，从而让辅导的时效性得到提高。

4. 促进朋辈心理辅导员的成长

大学生朋辈心理辅导对于朋辈心理辅导员这一作用通常表现在两个方面：一方面，在实际的助人过程中，朋辈心理辅导员可以学习如何与人沟通、如何面对问题、分析解决问题；另一方面，他们接受培训就会掌握更多的心理保健方面的知识，从而学会如何很好地调整心态，塑造个性。因此，这对于朋辈辅导员本身就是一种成长，对于提升自己、发展自己是十分有帮助的。

二、大学生朋辈心理辅导的主要程序

大学生朋辈心理辅导要获得理想的效果，按照一定的程序进行是非常必要的。具体来说，大学生朋辈心理辅导的实施主要可分为以下几个程序：

（一）建立辅导关系

这是实施朋辈心理辅导的第一步。建立辅导关系，对于辅导员真实了解来访学生的情况、确定辅导目标十分有帮助。事实上，只有基于这种积极的关系，学生才会与辅导员积极合作，对心理辅导抱有热情和信心，从而有助于提高辅导效果。在建立辅导关系的过程中，辅导员需要注意以下几个方面：

1. 要注重自身的着装与态度

朋辈心理辅导员对来访者要热情有礼、耐心慎重，着装要大方得体，行为举止礼貌谦逊。在初次会谈时，来访学生常常较为紧张，因此其对朋辈辅导员的第一印象，往往会对其心理产生十分巨大的影响。为此，朋辈辅导员具备热情的态度和得体的着装是十分有必要的。毕竟热情友好的态度，往往给人以亲切感，从而能够有效地拉近双方的距离。尤其是当学生受到心理困扰、抱以满腔希望而来之时，热情友好的态度与得体的着装可以给他们一种力量、一种希望、一种安慰，可以在相当大程度上降低其焦虑程度。

2. 以自我介绍引导来访学生表达出自己的想法

在初次会谈时，朋辈心理辅导员可以向寻求指导和帮助的来访学生进行简明扼要的自我介绍，以对来访学生开始进行辅导。在简短的自我介绍后，可以允许有一段短暂的沉默时间。这主要是为了给来访学生一个整理思绪的时间，从而使其在开始之初便能完整地说出自己的问题，以达到引导来访学生积极配合心理辅导的目的。

3. 通过会谈减少来访学生的困惑与戒备

在初次会谈之时，朋辈心理辅导员可就辅导的性质、角色、目标以及特殊关系等内容，向来访学生解释时间的限制、会谈的次数、保密性、正常的期望等。如此做的主要目的，就是减少来访学生的困惑，并消除他的戒备心理。另外，这也使来访学生能够确定对朋辈心理辅导的正常期望。

（二）掌握来访学生的资料

来访学生的资料，可以说是朋辈辅导员进行心理辅导的客观依据之一。对来访学生资料的掌握，主要是指收集与来访学生相关的各种资料，并且通过会谈、观察、心理测验等方式，了解来访学生的基本情况以及存在的心理问题。

1. 来访学生基本情况方面的资料

来访学生的基本情况，通常包括年龄、家庭以及社会生活背景、生活经历、兴趣爱好、学习情况以及有无心理辅导经验等内容。通过对这些基本情况的了解，朋辈心理辅导员可以掌握其过去、现在等各方面的活动及生活方式。总之，对来访学生基本情况的掌握，能更加准确地把握其主要的心理问题，以便更有针对性地进行心理辅导。

2. 来访学生心理问题方面的资料

相较于基本情况的资料收集来说，心理问题方面的资料收集往往要复杂得多。这是由于来访学生普遍存在疑虑心理，总是很难直截了当地将其面临的心理问题如实地反映出来，或者是他们自己也弄不清问题的实质，只是单纯地感觉到困扰，且希望改变现状。为此，朋辈心理辅导员需要通过收集相关资料把来访学生心理问题的性质、心理问题持续的时间以及产生心理问题的原因搞清楚，以便于进行有效的心理辅导。

（三）对收集的资料进行分析、鉴别

其实，在收集资料的同时，朋辈心理辅导员就已开始对收集的资料进行分析与鉴别了。分析、鉴别资料过程，是在收集资料的基础之上，进一步明确心理问题的实质、程度以及原因，并对其做出正确评估的过程。

1. 确定心理问题的性质

朋辈心理辅导员首先要做的，就是将来访学生心理问题的性质确定下来，即属于学习问题、人际关系问题，抑或是其他方面的问题等。由于并不是所有心理问题都可以通过朋辈心理辅导解决，所以如果遇到有些问题不属于朋辈心理辅导员所能解决的，那么辅导员应当及时将来访学生介绍给专业心理辅导教师，以便由专业心理辅导教师重新进行评估，之后再决定如何解决问题。

2. 找出心理问题产生的根本原因

通常而言，找出来访学生出现心理问题的根本原因，才可以有针对性地分析心理问题，进而采取相应的措施来解决。造成来访学生心理问题的原因往往是多方面的，不同的心理辅导理论和方法解决问题的角度也是不同的。所以，朋辈心理辅导员要针对来访学生具体的心理问题而进行有针对性的方法选择与运用，以最终保证取得最佳的心理辅导效果。

（四）制定辅导目标

朋辈心理辅导所追求的结果与所要达到的目的，实际上就是所谓的心理辅导目标。因此，辅导目标的确立，在整个心理辅导过程中有十分重要的指导意义。具体而言，其主要

体现在三个方面：首先，可以为辅导双方指引方向，既能够将实现目标的计划、步骤详细制订出来，还可以在实施过程中根据目标对实施方案进行必要的调整；其次，对辅导双方的积极合作有大力的推动作用；最后，使心理辅导的评估成为可能。

为了让朋辈心理辅导的顺利进行得到充分保证，那么一定要在遵循科学原则的基础上采取合理的方法。这主要包括以下几个方面的内容：

1. 辅导目标必须由辅导双方共同制定

在制定辅导目标过程中，一定要通过辅导员和来访学生的共同配合、互相交流来最终达成一致。这样制定出来的辅导目标才是较为客观、真实的，也才能让双方共同努力去最终实现目标。

2. 使心理辅导目标的针对性得到充分保证

辅导目标的针对性，即解决的是心理问题而不是其他问题。在朋辈心理辅导过程中，往往会遇到一些如来访学生经济上发生困难等不属于心理等方面的问题，虽然这些问题致使来访学生感到不安，但这些其实都不属于朋辈心理辅导的范围。毕竟朋辈心理辅导的目标只能是帮助来访学生调整认知和心态，而不是直接去解决这些问题本身。为此，朋辈心理辅导员要充分保证心理辅导目标的针对性。

3. 将中间目标与终极目标统一结合起来

朋辈心理辅导过程中所要达到的具体目标，是中间目标；而实现人的心理健康、潜能的充分发掘和人格的完善，则是终极目标。确定朋辈心理辅导的目标，应强调中间目标与终极目标的辩证统一，并要求双方做到以下两点：其一，辅导双方要在发现具体的心理问题及引发原因的同时，以此为依据将其人格特点、心理素质等方面的不足深入地挖掘出来；其二，使来访学生在具体问题上掌握心理调节的技能与方法得以迁移、运用于类似的情境中去。如此一来，才能够真正实现中间目标与终极目标的统一结合。

4. 目标一定要具体、有可行性

关于朋辈心理辅导目标，来访学生在表述时往往有些笼统、抽象，如：希望能适应社会的发展、有较强的学习能力、善于交往等。而如此较大且空泛的目标几乎难以操作、落实，所以，相应地很难进行辅导。为此，这就需要辅导双方经过交流沟通，共同将抽象目标具体化，使模糊的目标清晰明确、笼统的目标变得较为具体。总而言之，只有具体的、可行的朋辈心理辅导目标才可以顺利进行，同时也才有可能取得十分理想的辅导效果。

（五）确定辅导方案

辅导方案的确定，通常包括两个方面：一个是选定方法；另一个则是为实施这些方法而制定的具体内容。解决来访学生心理问题的方法有很多，如较为常用的“支持与安慰”“内省与领悟”“训练与学习”“疏导与宣泄”等。实施这些方法而制定的具体内容，主要包括以下几个方面：

第一，所采取辅导方法的目标。

第二，该方法的实施要求，即该做什么、如何去做以及不做什么。

第三，该方法是否能达到预期的目的。

第四，告之来访学生必须对心理辅导的过程抱有足够的耐心。

（六）实施指导与帮助

指导与帮助的实施过程，是在与来访学生共同选择方法并制订计划后而开展的。在这一过程中，朋辈心理辅导员要按照不同的辅导方法及其不同的要求与做法，从而有针对性地、灵活地进行指导与帮助。具体来说，指导与帮助的措施主要有以下三个方面：

第一，可直接指导来访学生做某件事，说某些话或者进行某种行为。

第二，可灵活运用鼓励、指导与解释。这就是要对来访学生的积极方面给予真诚的表扬、支持，以增强其自信心，促进其积极行为的实施。

第三，可通过必要的解释，让来访学生从一个全新、全面的角度面对自己的问题，认识其自身以及周围的环境，从而使其自知力得到有效提高，使其人格的完善和问题的解决得到有效促进。

（七）巩固辅导效果

巩固所取得的辅导效果，是结束辅导之前需要完成的一项任务。具体而言，巩固效果的工作通常包括以下几个方面：

1. 让来访学生对取得的成绩进行总结

朋辈心理辅导员需要与来访学生共同回顾并总结其心理问题和辅导过程。通过对来访学生心理问题的重新审视，从而对辅导目标、辅导过程、辅导方法以及辅导效果等进行总结。这十分有利于帮助来访学生加深对自身问题的认识，明确辅导的方向，并从中获得有益的启示。实际上，这种总结本身就具有巩固、优化辅导效果的意义。

2. 让来访学生充分认识到自己已取得的进步

朋辈心理辅导员应当向来访学生指出其已取得的进步，并且对已基本达到既定的心理辅导目标进行相关说明。同时，必须让来访学生与辅导员达成共识。让来访学生充分认识到自己的进步，不但可以使其得到一种巨大的精神鼓舞，而且可以暗示其心理辅导的过程即将结束，从而让来访学生做好心理准备。总之，这就要求朋辈心理辅导员要对来访学生所取得的进步进行耐心、具体的分析，指导其真正认识到自己的进步。

3. 让来访学生把获得的经验运用于实践中

朋辈心理辅导员应指导来访学生将辅导中所获得的经验运用到日常生活中去，以使其逐步稳定、内化为来访学生的观念、行为方式和能力，并且使来访学生可以独立地适应环境。通常而言，来访学生在朋辈心理辅导员的引导之下，在特定条件下可以表现其习得的经验。而一旦当其独立面对实际生活环境之时，往往又显得几乎疲于应付。这一方面有经验掌握尚未牢固的原因，另一方面也有其自信心不足的心理因素。因此，能否顺利完成这一过渡，可以说在相当大程度上决定着辅导目标能否最终实现。

（八）追踪调查

朋辈心理辅导员对来访学生进行追踪调查是十分有必要的，毕竟这可以对来访学生能否运用获得的经验适应环境有一定的了解，并进而最终了解整个辅导过程的成功与否。追踪调查最好在辅导基本结束后的数月至一年之间进行。如果调查的时间过早，那么调查结果的真实性则难以保证；而时间过晚，那也就不能及时地了解情况、发现问题，同时也增加了调查工作的难度。所以，朋辈心理辅导员一定要把握好追踪调查的时间。

在如今的学校心理辅导中，追踪调查通常可采用的方式较多。其中，最为常用的方式主要有以下几种：

1. 约请来访学生定期前来面谈

这是了解辅导效果直接、有效的方式，即朋辈心理辅导员与来访学生进行面谈。这种方式的优势主要在于获得的信息量较大，也有助于辅导员及时发现问题，并适时予以进一步指导。

2. 让来访学生定期填写信息反馈表

一般来说，信息反馈表是由心理辅导机构统一印制的。朋辈心理辅导员应当嘱咐来访学生定期填写并及时反馈给辅导员，从而有助于辅导员及时、准确地了解来访学生的状况。

3. 对来访学生周围的人进行访问

这就是说，朋辈心理辅导员向来访学生周围的人进行访问，如：其父母、班主任、同学、关系密切的朋友等，以对来访学生的适应状况进行了解。假如可以将这种方式所获得的信息与其他方式反馈的信息综合起来进行考察，那么得出的结论往往将更加全面、更加真实。不过，在运用这种方式之时，辅导员必须注意维护来访学生的利益，即保护其尊严，做好相关的保密工作。所以，辅导员有时需要以间接或委婉的方式进行。

第四节 大学生团体心理辅导

在解决大学生发展过程中遇到的某些具有共性的心理问题或心理障碍等，可以开展相关的团体心理辅导工作。本节内容主要围绕大学生团体心理辅导展开系统且深入的论述。

一、团体心理辅导的含义

在团体情境下，辅导员就求询者存在问题的相似性，建立相应的课题，交由团体商讨、训练、引导，为团体小组提供心理帮助与指导，共同解决成员在发展中遇到的问题或解决成员在发展中有可能存在的一些心理障碍等，这一辅导形式即为团体心理辅导。

团体心理辅导中的“团体”，主要指的是团体指导者（一般为一位或两位辅导员）和成员（参加团体心理辅导的多个求询者）。在团体心理辅导中，成员的数量没有限制，因此存在着不同的团体规模，少则三五人，多则几十人。

在团体心理辅导中，成员们经过多次聚会活动，实现成员之间的相互交流、相互了解和共同讨论，从而改善团体的人际关系，使得团体成员的人际交往能力得到提升，社会适应性得到增强；通过讨论团体成员均感兴趣的话题，彼此启发、相互支持鼓励，实现各自人格的不断完善。

由此可以看出，团体心理辅导不仅是一种进行心理治疗的有效方式，也是开展教育活动的有效方式。

二、大学生团体心理辅导的优势

团体心理辅导不同于其他形式的心理辅导，团体心理辅导的最大特点在于当事人是在团体中通过相互交流、相互启发、相互影响等方式形成对自身问题的正确认识。相对于其他心理辅导和咨询方式来说，团体心理辅导存在的优势主要体现为以下几个方面：

（一）具有较强的感染力和影响力

相对于个体心理辅导来说，团体心理辅导具有较强的感染力，其产生的影响也更加广泛。团体心理辅导采取了多向沟通的方式，因此当事人存在的影响源就会得到增加，从而使其感染力得到增强。

一个人是无法称之为团体的，为此在团体中，存在多个人。在进行辅导的过程中，每个人不仅能够得到其他成员的帮助，还能够尽自己所能去帮助别人。此外，成员在团体情境中还可以同时学习模仿其他成员的适应行为，从不同的角度了解自己，从而使认识更为全面。在团体心理辅导过程中，成员共同合作发挥自身的主观能动性，集思广益，从而增加解决问题的可能性，同时还能减少成员对咨询者的过分依赖。

（二）具有较高的效率

团体心理辅导具有较高的效率，在时间、精力方面的消耗相对来说要小一些。相对于个体心理咨询形式中的一对一心理咨询辅导来说，团体心理辅导是一个咨询者对多个成员，从而可以省时、省力。另外，团体心理辅导还能够防患于未然，产生一定的经济效能。团体辅导中利用集思广益的研讨方法来解决问题，属于比较经济的方法。

（三）具有持续的有效性

与其他心理辅导方式不同，通过团体心理辅导方式进行心理咨询和治疗取得的效果比较容易巩固。这是团体心理辅导具备的主要优势之一。在进行团体心理辅导过程中，能够营造一个与真实社会生活相贴近的情境，从而为参加者提供充分的社交机会，有利于成员真实地表现自己。

辅导者在进行辅导的过程中，需要营造出一种促进成员之间相互信任的良好气氛，运用示范、模仿训练等方法，促进参加者彼此之间形成良好的人际关系。如果在团体中的行为能有所改变，就可以将这种改变拓展到现实社会生活中，即实现辅导结果的迁移，使得治疗的结果容易巩固下来。

（四）具有良好的人际关系调节作用

对于处理不好人际关系的人来说，团体心理辅导具有特殊的作用和优势。现今的大学生，一般都严重缺乏社会经验，缺乏一定的人际交往能力和技巧，这样的青少年通过参加团体心理辅导，能够锻炼和提高自己的人际交往能力。

那些难以和同学相处的人，可经由团体心理辅导来提高其社会适应性和社会适应能力。有些人因缺乏客观的自我评价、缺少人与人之间彼此的信任以及过分依赖、武断等，也可以通过团体心理辅导，与他人建立良好的人际关系，矫正自身在人际交往中存在的问题和不足之处。

三、团体心理辅导活动设计

开展团体心理辅导活动，需要有一定的计划性，从而使活动得以有效进行。为此，可以设计相关的团体心理辅导活动，以更好地实现活动的目的，提高活动的效率和效果。

（一）团体心理辅导活动的目标设计

团体心理辅导活动的开展要体现一定的方向性和目的性，而团体心理辅导课程目标对其开展具有非常重要的指导作用。为此，在设计团体心理辅导课程时需要确定活动的目标，目标的设计要达到以下要求：

1. 体现发展性目标

进行大学生团体心理辅导活动是为了预防大学生产生心理疾病，促进大学生心理健康发展。这包括正确地看待自我，对自己做出正确的评价；学会调节和控制自身的情绪，掌握一定的人际交往技巧，建立良好的人际关系；培养良好的个性；让学生能够创造性地解决学习过程中遇到的问题，从而实现自身的全面发展。

要实现上述要求，在设计团体心理辅导活动目标时要体现出一定的发展性，从而有效解决学生在成长和发展过程中遇到的问题或迷惑，如：自我意识问题、人际关系问题、个性品质问题、学习问题等。

对于每个参与者个体而言，这些问题具有较强的针对性，能够矫治或解决一些发展性问题。另外，团体心理辅导活动还应该着眼于“如何完善自我，如何调控情绪，怎样增强记忆力、学会沟通与合作”等，为学生的良好发展提供科学、有效的方法和途径。

2. 目标应具体并体现一定的层次性

团体心理辅导活动课程目标的设计不能太抽象，而应该具体、明确，以便对课程的实际开展状况进行评估或检验。为此，我们在设计目标时，可以通过制定总目标、中间目标、具体目标等，将目标分为多个层次，从而使目标内容更为具体、详细，更具有针对性。

一般来说，团体心理辅导活动的总目标为实现学生心理健康发展，培养学生健全的人格，促进学生更好地发展；设置的中间目标，要能解决学生实际存在的问题，培养学生某些方面的品质或能力。中间目标的内容涉及多个方面，如让参与者正确认识自身的存在价值、培养良好的个性和品质、提高社会交往能力、掌握一定的心理救助或自救知识等。

同时，我们可以对中间目标进行进一步的细分，从而形成多个子目标。例如，在改善人际交流建立自信心这一中间目标之后，可以设置以下几个子目标：

第一，正确看待自己的优点和长处，正视自身存在的不足之处，建立自信心，掌握基本的人际交往技巧。

第二，正确看待和评价他人，学会欣赏他人的优点，包容、接受他人的缺点，学会赞美他人，并不吝啬通过自己的言语表达对他人的认同。

第三，正确与他人进行相处。在团体活动中，培养责任感，具备一定的团队意识，并学会与他人合作。

3. 目标的认可度较大

辅导者所设计的活动目标，应该建立在充分了解每个参与者的真实想法的基础上，体现参与者的需求。在确定目标之前，首先需要对学生想要学习的内容或方向、想要解决的问题等有一定的了解。只有这样，才能让辅导者与参与者有共同的话题，从而共同探讨可能形成和达到的目标。

通常在设计辅导课程目标时，可以交由广大参与者共同探讨，从而得出具有较高认可度的目标，使辅导的效果达到最佳水平。

（二）团体心理辅导活动的内容设计

团体心理辅导包含较为广泛的内容，不同的团体心理活动类型具有不同的内容。根据不同的辅导目标和参与者的特点，设计活动方案的内容也会呈现出一定的差异性。在此，我们要对不同类型团体心理辅导活动的内容进行不同的设计。

1. 按心理与行为性质进行分类的心理辅导活动内容

以心理与行为的性质对团体心理辅导活动进行的分类，其辅导活动的内容主要包括学习方面的辅导、心理方面的辅导和职业方面的辅导。

2. 按关键事件进行分类的心理辅导活动内容

这种分类是针对现阶段参与者开展的心理辅导活动课的笼统性来说的，因此有学者认为，在进行心理辅导活动内容设计时，应该以参与者当前所面临的“关键事件”作为主题，从而确定辅导目标和辅导方案。这一类型的辅导活动，主要分为学习辅导、人格辅导、生活辅导和职业辅导等方面的内容。

第一，学习辅导的内容，主要偏向于对学生的学习情绪、动机和学习策略与技术所开展的训练和辅导。

第二，人格辅导的内容，主要涉及的是学生的自我意识、情绪、意志、品格、人际交往技能及青春期问题等。

第三，生活辅导主要是对学生休闲消费和生活适应方面的辅导。

第四，职业指导的主要内容为对学生升学和职业方向的指导。

3. 按个体特点进行分类的心理辅导活动内容

在对大学生进行团体心理辅导的过程中，为了使辅导更具有针对性和时效性，有的学者将心理辅导专门活动的内容集中在人际交往、自我意识、工作、休闲、应付困难、学习态度方法、家庭生活与性教育等与学生特点紧密联系的内容上。

（三）团体心理辅导活动的设计原则

团体心理辅导属于一门学科，常以课程的方式实施，从而为参与者提供某些具有共性的心理品质。通过团体心理辅导课程设计，能够让每个参与者在活动中接受训练、获得体验和启示。而课程的实施，通常应该进行一定的设计，以使课程的实施具有一定的计划性和合理性。在具体设计过程中，应该遵循以下几个方面的原则：

1. 提高参与者的积极主动性

团体心理辅导课程的内容，要符合参与者的年龄特征和心理发展规律。参加这一课程活动的大学生，正处于迅速发展时期，他们具有较强的探索能力和喜欢具有挑战性的事物，为此辅导活动内容要体现出一定的新颖性，以激起学生的学习兴趣和积极性，提高其参与课程活动的热情，使参与者在有意、无意中接受良好的心理品质教育。在这一过程中，体现参与者的主动性，因此他们不会有一种被支配的感觉。这种课程内容设计，可以收到良好的辅导效果。

2. 允许个体差异性的存在

团体心理辅导虽然是为了解决大学生在发展过程中遇到的某些共性问题或者共同解决某些问题，但是在实际辅导过程中，还应该考虑个体之间的差异性。即使是处于同一年龄阶段的大学生，由于生活经历、认知水平等方面的差异，会使其心理发展状况和水平存在一定的差异。

为此，在进行团体心理辅导活动设计时，要充分考虑个体之间的差异性，允许差异的存在，做到难易适中，尽量使大多数人能够参与集体辅导活动并自然进入自己的角色。这样，参与者才能做到真情流露，卸下自身的心理防卫机制，在辅导者的引导下自觉地接受教育或相关要求。

3. 结合实际生活

进行团体心理辅导，是为了解决个体存在的心理障碍或心理问题，以使其更好地进行社会生活和社会实践。为此，在设计心理辅导活动时，要结合现实社会生活中的某些因素，或创设有关社会实际生活的情境，提供参与社会实践的机会，让参与者能够在社会实践活动中不断解决有关心理方面的问题。例如，在实施人际交往、升学择业等咨询活动课程时，完全可以利用社会实践的方式让参与者在真实的社会生活中接受训练或辅导。另外，辅导者可以通过观察参与者在社会实践活动中的表现，对其心理品质进行鉴定和评估，从而设计出更好的、更适宜的辅导方案。

四、团体心理辅导活动的组织与实施

在进行任何团体活动时，都会涉及有关组织和实施的相关事宜，大学生团体心理辅导活动也是如此。在团体心理辅导活动的组织与实施过程中，应当做好以下几个方面的工作：

（一）做好活动前的准备工作

团体心理辅导活动的准备工作涉及多个方面，如确立团体心理辅导的性质和目标，确定团体活动的规程、时间与频率，准备好活动的地点、教学资料、教具等。团体心理辅导活动准备工作的好坏，会对活动的效果起到直接影响作用。

1. 明确团体的类型

在团体心理辅导的准备工作中，必须要明确团体心理辅导的类型。总的来说，大学生团体心理辅导的类型主要有以下几种：

（1）发展性团体心理辅导活动

在发展性团体心理辅导中，其主要目标在于开发学生的心理潜能、促进学生人格的成长，从而实现学生心理健康发展。从目前学校开展的各类心理辅导类型来看，基本上都是发展性团体心理辅导。在这一团体心理辅导活动中，参与者的心理都是正常的，都是处在成长过程中的青少年。

这一团体活动的参与人数一般在30~40人之间，有时候也会以一个班的成员为基本单位进行心理辅导。通过班内成员之间深刻活跃的讨论，或开展丰富多样的心理活动，使参与者共同探讨成长发展中的问题，从而对自己或他人有更加客观、深刻的认识，以利于开发身心潜能，保持自身心理健康发展。

（2）预防性团体心理辅导活动

在预防性团体心理辅导活动中，其主要方法在于进行敏感性训练，以提高学生处理人际关系的能力，增强其社会适应能力。这种心理辅导的参与者一般为少数学生，但有时也可以面向全体学生。

（3）治疗性团体心理辅导活动

在治疗性团体心理辅导活动中，十分重视潜意识的作用。这一活动主要面对的是学生较深层次的冲突和困扰，因此活动开展持续的时间也比较长。学校主要针对心理问题比较严重的学生进行小组咨询，以消除学生存在的心理困惑或问题。

确定了团体心理辅导活动的性质和目标之后，还要对本次活动的具体目标进行确定。目标必须体现出一定的明确性和可操作性，然后再根据目标设计相应的活动，使学生通过体验讨论和感悟实现咨询的最终目标。

2. 确定团体的规模

团体心理辅导活动的规模，即人数会对活动的效果造成很大的影响，为此应该对团体的规模进行严格控制。一般来说，最适宜的人数规模为 5~10 人，过多或过少都会对成员之间的沟通造成一定的影响。在确定团体活动的人数时，应该充分考虑以下几点：

第一，小组成员个体特点、年龄及基本情况。在团体心理辅导活动中，若参与成员的年龄偏大，可以适当增加参与人数。

第二，指导者的经验和能力。负责进行心理辅导活动的辅导员，若其经验丰富、能力较强，可以适当扩大团体的规模。

第三，小组类型。在进行开放式团体心理辅导过程中，可以扩大参与成员的人数；而在封闭性团体心理辅导过程中，不应该随意扩大心理辅导的规模。

第四，心理问题的类型。在实施团体心理辅导活动过程中，若是以治疗为主要目标，则参与者的人数不宜过多，一般在 6~10 人之间为宜；在以训练为目标的团体心理辅导中，人数一般为 10~12 人；在发展性团体心理辅导中，参与者人数可以达到 12~20 人。

3. 明确团体辅导的组织方式

（1）持续式团体心理辅导组织方式

在持续式团体心理辅导组织方式中，活动具有一定的持续性和定期性。这类团体一般活动以 8~15 次为宜，活动频率为每周 1 次或 2 次，每次活动的持续时间为 1.5~2 小时。依辅导对象的不同，可以适当调整每次活动的间隔及每次活动的持续时间，指导员可以根据具体情况进行灵活变通。对于青少年来说，每周活动次数可增多，活动的持续时间可以维持在 30~40 分钟之间。

（2）集中式团体心理辅导组织方式

在这一辅导组织方式中，往往实行的是团体成员集中住宿，利用节假日休息时间进行辅导活动，如假期自助夏令营等。活动开展的时间长短，也与团体目标和学生的具体情况有密切联系。一般 3~5 天为宜，但最长不宜超过 1 周。

4. 确定团体活动的地址

良好的活动环境，有利于参与者集中精力、放松心情或稳定情绪，从而能够身心愉悦地完成团体活动任务。持续式团体心理辅导活动的场所，应该偏向于安静、舒适、优雅、有安全感、空旷的地方，能够让学生感到放松或自由。

集中式团体心理辅导活动的地点，常常设置在远离闹市、风景优美、依山傍水的地方，如海滨等。当学生处于美好的大自然中的时候，能够放松自身的情绪和压力，同时还能够集中注意力来进行团体活动。

5. 准备好活动的设备

进行团体心理辅导活动，往往需要借助一定的设备来完成。

在活动的准备阶段，指导者应该提前收集与辅导活动有关的资料，如图片、图书、电影、电视资料、饰物以及供学生角色扮演使用的服装、道具等。这不仅能提高学生的参与兴趣，还有利于增强活动的效果。

（二）合理确立团体成员

团体成员的结构对辅导效果的好坏有直接影响。因此，要十分注重团体成员的选择和确定，要确保团体成员是在自愿的前提下参与活动的。只有达到共同的意愿，才能增强团队的凝聚力，以取得预期的辅导效果。

1. 明确服务对象

明确辅导目标、确定服务对象，是指导者进行心理辅导的前提条件。要明确辅导的对象是一般正常人还是存在一定心理问题的人。根据参与者的背景情况，可以实施同质团体心理辅导和异质团体心理辅导这两种不同的辅导方式。参加团体心理辅导的成员一般具有相同的背景问题（如都希望改善人际关系），此时宜进行同质团体心理辅导；对于不同背景的参与者，可以实施异质团体心理辅导，如以班级为单位的团体心理辅导课。相同背景的人，有利于他们之间的相互认同，共同探讨解决问题的有效途径；但不同背景的人聚集在一起，有利于他们了解不同人的心理与行为，从而认识到自身的不足，改变自身不良的心理状况或行为。

2. 参与者应具备的条件

团体心理辅导的成员，需要具备以下几种条件：

第一，参加团体心理辅导的成员，必须是建立在自愿基础上的，并强烈希望对当前的状况进行改变，以实现自身的发展与提高。

第二，具有与他人交流的意愿，并具备一定的交流能力。

第三，具有一定的耐心、毅力等品质，能坚持参加团体活动全过程。另外，参与者应该遵守团体制定的各项规则或制度。

3. 参与成员的获得

通常来说，小组的成员主要是通过以下途径获得的：

（1）通过宣传获得

第一，辅导员在进行学生集会、上课等活动中，通过向学生直接宣传，讲解团体心理辅导的目的，鼓励学生参加团体心理辅导活动。这种方法比较直接，反馈及时，是较为常见的宣传形式。

第二，在学校人口聚集较为密集的地方张贴海报或广告，吸引有兴趣的同学参加该辅导活动。

第三，学校运用校刊、广播台、校园网和学生刊物等形式面向全校学生进行广泛宣传，从而吸引有志者参加。

通过宣传活动而获得的参与者，一般都是自愿参加该辅导活动的。因此心理辅导工作较为容易，也容易取得良好的辅导效果。

（2）通过建议辅导获得

建议辅导主要有两种情况，一种是由心理辅导员根据日常咨询中发现的问题而建议学生参加心理辅导；一种是班主任在教学中发现学生存在心理问题而转介获得的。例如，老师挑选学习有困难或行为有问题的学生参与心理辅导，而并非学生本人自愿参加的。这种团体心理辅导参与者的防卫意识较强，并在团体心理辅导初期表现出较强的抗拒心理。此时指导者必须做好工作，采取有效的方法技巧，吸引小组的学生自愿参与团体心理辅导。

4. 对团体成员的筛选

有些已经报名参加团体心理辅导的参与者，可能并不需要进行团体心理辅导。当团体成员人数过多，或并不适合进行心理辅导，组织者就需要对其进行筛选。此项工作虽然耗时费力，但是对于整个团体的发展来说是大有益处的。同时，还有利于增强被辅导者的信心，提高其配合的积极性。具体来说，大学生团体心理辅导活动中，对团体成员的筛选主要有以下几种方法：

（1）面谈筛选法

在这一方法中，指导者与申请者进行一对一面谈，通过了解申请者的个性、问题、动机类型等基本情况，进而判断、决定其是否参加团体心理辅导。在面谈时，辅导者可以筛选出不适合参加团体辅导活动的成员，或无法通过此团体辅导活动获益的成员，以保障团体辅导活动的顺利进行。同时，指导者要加强对学生的了解，建立互信关系；指导者通过面谈向申请者详细介绍团体辅导活动的内容、规则、要求等，为申请者是否继续参与活动提供依据。

（2）心理测验筛选法

在这一筛选方法中，指导者通过对申请者进行细致观察和相关的心理咨询，使指导者预知个别成员在团体中可能出现的行为，以此来判断申请者是否适合参加团体心理辅导。例如，申请者若具有严重的人格缺陷，就不应该参加发展性团体心理辅导活动等。

（3）书面报告筛选法

在这一筛选方法中，指导者提出一系列问题，要求申请者进行书面回答。指导者根据申请者的回答情况，决定其是否参加团体心理辅导活动。常见的问题有：你为何要参加团体心理辅导，你对团体有什么要求，你对团体能做出哪些贡献等。

（三）团体心理辅导活动的启动与运作

一般情况下，团体心理辅导活动的启动与运作分为几个不同的阶段，每个阶段都有一些特别的感觉与行为。为此，对应不同的阶段，应该开展与之相对应的活动。

1. 导入阶段的活动

导入阶段的活动是为了让团体成员之间通过互相沟通而对彼此有一定的了解，并逐渐营造出一种团体合作互助的气氛。刚参加团体心理辅导活动的成员，对彼此之间缺乏了解，大家对对方的背景、问题等都会产生好奇心理。同时，由于这种陌生感会导致有些成员出现恐惧感或焦虑感，怕不被接纳或怕出丑等。因此在这阶段，各成员可以通过简单的游戏互动实现对相互之间的认识。指导者应该尽量选择那些自己比较熟悉、对运作及可能发生的情况有所掌握的活动，从而能够在活动中对成员进行良好的引导，使成员紧张的心理得以放松下来。

导入阶段的活动可以是“静态”的，也可以是“动态”的。静态活动主要是针对一些问题而设置的；动态活动适合于多种类别的团体。活动的目的可以是提高成员的参与积极性，也可以是对学生的基本行为进行评估。特别要强调的是，导入阶段活动的目的应该强调加强成员之间的认识、沟通和互信。

导入阶段的活动，通常为非语言和语言形式的交流。非语言交流主要表现为体操活动、放松感觉、按摩、盲行等。语言交流主要有自我介绍、关注练习等。

2. 实施阶段的活动

各阶段团体心理辅导活动之间的界限并不是绝对的。但我们为了将活动的整个过程清晰地表述出来，需要将团体心理辅导活动划分为不同的阶段。团体心理辅导活动的实施阶段，是整个活动的关键阶段。尽管各类团体心理辅导在理论依据、活动方式、实施方法等方面千差万别，但是在各阶段中，成员之间的相互影响具有一致性。这种一致性表现在各成员都在讨论自己或他人的心理问题或成长经历，以获得别人的理解、支持和指导；通过团体间的互动活动，发现自身存在的不足或问题，并及时地纠正过来；把团体作为实验场所，不断努力纠正自己在心理或行为方面的偏差，并将努力的成果逐渐扩展到现实社会生活中。

在这一阶段，团体成员通过互相探索、解决矛盾、互相适应，既能够融合于团体内，又能够保持各自的独立性，并努力确定自己在团体内的位置，找出团体成员在团体内互相间的关系。通过一系列活动，成员之间由不认识到相交，并获得一定的交往技巧，从而实现自身的发展。

在团体心理辅导活动的实施阶段，辅导目的、问题类型、对象的具体情况会对团体活动的形式和方法有一定的影响。活动的形式主要有讲座、讨论、心得体会、写日记、训练、角色扮演等。比如，针对一些神经衰弱者组成的团体，指导者可以先具体、系统地讲解有关神经衰弱的知识或理论，然后通过开展自由讨论，认识病情，分析原因，深入探讨并得出解决对策。成员在交流的时候，能够增强彼此之间的认识，达成共识，或从他人意见中得到启发，及时对自身问题进行改正。最后通过写体会，对自身问题进行深刻反思，以确立信心，得出解决方法。

在这个阶段，发展性团体根据团体目标和成员特点会进行一些有趣的活动，如自我探索（常用的活动有我是谁、生命线、人生格言、自画像、墓志铭等）、价值观探索（常用的活动有临终遗命、生存选择等）、相互支持（常用的活动有金鱼钵、戴高帽等）以及脑力激荡等活动，通过交流分享活动的所思、所感来帮助团体成员获得发展。

3. 终结阶段的活动

终结阶段活动是为了巩固团体心理辅导活动的成果，为团体心理辅导活动结束后分别做的心理准备。在这个阶段，团体成员对团体经验能够有更加深入的认识，从而能够顺利将学习成果扩展到正常的生活中。这个阶段也叫团体结束期，但这一阶段并不是最后一次聚会，它具有一个动态持续时间。不同的团体终结期也不同。通常情况下，团体存在的时间越长，成员之间的关系也就越牢固；终结阶段要注意的事情越多，团体终结产生的情绪反应就会越强烈。因此，在这一团体心理辅导活动的结束期，持续的时间自然要长一些。

团体终结阶段处于活动的尾声，经常会被忽视。但团体心理辅导指导者要充分而有效地利用这一时机，使团体活动有一个圆满的结束。

在这个阶段，常用的活动形式有总结会、联谊会、大团圆等。通过前两阶段的互动，团体中已经形成了和谐而又亲密的气氛，各成员情绪高涨、身心放松、互信互助。在这种气氛下离别，难免会有伤感。因此，指导者需要对这一阶段的活动进行合理的安排。

团体自然结束是团体心理辅导计划完成的最理想状态。但有时候会遇到一些困难和问题，而使团体活动不得不提早结束。如成员对团体失去兴趣、成员间纷争不断、某些成员或指导者有急事需要马上离开等，从而使团体活动不能自然结束。这时，必须妥善处理，以免团体成员出现新的问题。

（四）对团体心理辅导效果进行评估

团体心理辅导活动结束后，需要对整个心理辅导过程的效果进行评估，以及时获得反馈信息，提出改进或修改方法，为下一次活动提供有益借鉴。通常情况下，对于团体心理辅导活动的效果评估主要从以下几个方面进行：

1. 团体活动的状况

对团体成员状况进行评估时，主要应考虑三个方面的问题：

第一，团体心理辅导活动目标的实现情况。即团队通过辅导活动，是否达到了预期的目标，预期目标的实现程度如何。例如，是否对某些问题达成了共识，团队中的问题是否得到有效解决等。

第二，团队凝聚力是否得到进一步增强。判断的依据为每个成员对集体的认同感和归属感状况，以及团队成员的集体意识等。

第三，团队满意程度。团体的这一状况反映的是团队面貌变化的敏感指标。

2. 团队成员状况

通过作业、交谈、问卷、测试和观察等多种方法，可以对心理辅导团队中各成员的状况进行有效评估。一般地，对团队成员状况的评估主要从以下两个方面进行考察：

第一，团队成员对辅导活动所持有的态度，是否积极参与团体心理辅导活动、是否爱上本门课程等。

第二，团队成员的心理状况是否得到了改善，包括团队的自我认识、自信心、情绪、人际关系等是否得到了明显的改善。

3. 活动设计质量状况

具体来说，对于团体心理辅导活动设计质量状况的评价，可以从以下几个方面进行：

第一，活动是否出现科学性的错误，活动设计既要有利于成员的准确理解，又要深入浅出地表述心理学的基本概念。

第二，活动的主题和目标是否与成员的具体情况相符合，问题应该是成员想要解决的，活动目标要适中，不能太高，也不能太低。

第三，设计的活动情境是否具有一定的趣味性或者生动性，是否能够激发成员的参与热情等。

4. 辅导者的表现状况

辅导者的表现评估内容主要包括教师的角色是否到位；教师是否具有积极的情绪，是否有激情，能否借助自身的语言和非语言行为来感染学生；教师的辅导活动是否体现出一定的创造性；活动方式、过程的安排是否合适，是否达成单元目标，活动时间分配是否恰当等。

第四章　高校心理健康教育队伍建设

第一节　高校心理健康教育队伍概述

一、高校心理健康教育队伍

高校心理健康教育工作者是指在高校中遵循心理健康和高等教育规律，为师生提供心理咨询服务和心理健康指导的工作人员，高校心理健康教育队伍是由具有相关资格的专、兼职心理健康教育工作者组成的心理健康教育团队。

二、队伍组成与建设

高校心理健康教育队伍从人员类型上应分督导、专职心理健康教育工作者、兼职心理健康教育工作者，同时也包括经过培训的辅导员工作队伍和学生中的心理委员。从学科上看，高校心理健康教育队伍以心理学、教育学、思想政治教育、医学四方面力量构成，且以心理学、教育学工作者为主。从工作角色上看，高校心理健康教育工作队伍的主体包括两支队伍，即专职心理咨询师队伍和辅导员队伍。

（一）心理咨询师定期督导制度

有条件的至少要有 1 人具有本机构的督导资质，定期为本机构的心理工作专兼职人员提供个人心理和职业成长性督导。如条件受限，也应整合专家资源，建立区域性的学校心理健康教育督导中心，要求在职心理咨询师必须到督导中心定期接受一定学时的专家督导。

（二）专职心理咨询队伍

专职心理咨询队伍高校心理健康教育机构的核心成员。对于专职人员，要实行心理咨询师职业资格准入制度。要求学校心理咨询师不仅要具有心理学、医学、教育学等相关专业知识，经过系统的专业训练，取得国家人力资源和社会保障部二级心理咨询师资格，鼓励专职咨询师参加国家注册心理师的考核，其中的专职教师还应具备学生工作经验，使心理咨询服务更好地贴近学生、了解学生，把握学生思想行为特点，提高心理健康教育的实效性。心理辅导是一项专业性很强的工作，不具备一定的能力和条件不能承担，而且心理辅导人员的人格素质同样不能忽视。

（三）辅导员队伍

辅导员队伍是大学生心理健康教育工作队伍的重要组成部分。前提是要提高辅导员队伍开展心理健康教育的专业能力，把心理健康教育作为辅导员职业化发展的重要方向之一，注重培养一批辅导员长期从事和潜心钻研心理健康教育理论，使其成为具有心理健康教育专业技能的专家型学生思想政治工作者。

三、队伍建设机制与培训体系

心理健康教育工作者职业胜任要求是：首先，注重其本身要具有广博的文化知识，因为这是与学生建立良好沟通的基础。其次，注重教师的评估反思能力，心理咨询中教师需要根据学生的心理状况变化改变咨询策略，需要不断地评估来访者或者根据课堂上学生的情况不断调整策略才能达到良好的效果，同时还要对使用的咨询方法、活动策略、效果等进行反思。因此，心理健康教育工作者的胜任特征具有独特性，需要一个为其量身定做的队伍建设机制与培训体系，才能确保人力资源的执行力及有效性。

（一）队伍建设机制

高校心理健康教育工作队伍的建设应包含三个方面的内容。首先，要确定入职标准。要按照督导、专职工作者、兼职工作者、辅导员、心理委员等分层来制定与之相对应的遴选条件。其次，要根据不同层次的工作人员确定不同的工作职责。必须对工作内容和工作边界及相关责任进行系统规定，各负其责，相互配合，且要形成工作制度体系。最后，要有针对不同层面的工作人员规划相应的培训方案。

（二）队伍培训体系

许多高校在实际工作中认为遴选了几个有心理学相关背景的人员放到心理中心，心理健康教育工作的人力资源就具备了。大学生心理健康教育工作队伍的专业化是心理健康教育发展的必然趋势，从专业化水平低到专业化水平高，这一过程是分阶段的，不可能一步到位，中间有个过渡阶段。我们的方向是通过若干年的努力逐步完成这一过渡。要达成此目标，除了从心理学、教育学等学科引进、充实专业人才外，另一个重要途径就是对现有从事大学生心理健康教育工作的人员进行培训。

培训体系应体现四化：即规范化、分层化、经常化、实战化。规范化，培训方案应包括培训目的、培训对象、培训内容、师资要求、培训时间、拟达到的效果等，这些都要有详细的规定，做到培训计划化、规范化。一个培训计划在实施一到二轮后，要广泛征求培训人员和被培训人员的意见，做到及时修改完善，逐步形成一个又一个的培训部，将有效培训内容和方案固定下来。分层化，针对我国高校从事大学生心理健康教育工作人员（专兼职教师、班主任、政治辅导员、其他任课教师等）的专业水平及技能掌握程度参差不齐的情况，要针对不同人员，制定不同的培训规格要求，坚持开展分类培训。按照不同的规格要求，实施不同内容、不同时间的培训，提高培训的针对性与实效性。经常化，心理咨询技能的掌握至少需要 3~7 年时间，之后咨询人员才能在某项技术上达到成熟，而心理健康教育的方法也需要在实践中不断完善和更新。因此，对心理健康教育工作人员的培训应当是一项长期的工作，不能简单培训几次或外派培训一次就认为可以胜任此项工作，各级部门要不断给他们创造继续学习和提升的条件，做好持久战的准备，督促各级培训机构将培训经常化，并长期坚持。实战化，上级部门在组织培训和为个体选择培训机会时，要注意合理分配理论知识学习与实践技能培养的时间，并在培训过程中注重师资的研究能力与反思能力的培养。要加强心理健康教育技能培训的匹配性和针对性的筛选，目标是经过培训使被培训者尽快应用到实际工作中去。同时，也鼓励高校心理健康教育工作者自身，要加强不断提高工作能力的意识，自发自觉地为自己提供进修机会，将游山玩水的预算投放到心灵工作坊中去，以实现心灵旅游和职业能力提高的同步收获。

第二节　高校心理健康教育队伍的职业能力管理

高校心理健康教育队伍不同层面的职业能力并没有相对统一的标准，应有效界定不同层次人员工作职责，如果能够很好地承担和履行各自职责就可以认为具有相应的职业能力。

一、高校心理健康教育专职人员的职业能力与管理

一般来说，高校心理健康教育专职人员包含两部分，一个是心理健康教育机构负责人，另一部分是专职从事心理咨询和教育的工作人员。

（一）心理健康教育机构负责人的职业能力与管理

该机构负责人应履行如下职责并具有与之相称的职业能力：负责审订学校整体心理教育工作计划，评估心理教育工作效果，并制订具体的执行方案；组织和管理专业或兼职心理健康辅导人员；负责组织各种师资培训，组织选编心理辅导活动课教材，并组织与心理工作有关的教研、科研活动；接受学生个别心理咨询及开展集体心理辅导；开设心理健康类课程及讲座，开展心理知识普及宣传；对有心理疾病和心理危机的学生做评估与转介工作；负责监管学生心理档案资料的建制与使用；负责向学生提供学校管理、就业方面的信息，向学生和教师提供心理学方面的书籍；参与心理辅导活动课程的设计与落实，并为学校的教育教学工作提供建议；按规定的时间进行值班等。因此，机构负责人应具有心理学或思想政治教育学方面的专业背景，并有一定年限的相关工作经历，熟悉和掌握心理咨询和心理教育的规律，具有对其他专、兼职人员督导的职业资格，能长期、稳定地从事此项工作。

（二）专职咨询和教育人员的职业能力与管理

专职人员应履行如下职责并具有与之相称的职业能力：协助中心主任制订学校及中心工作方案并落实，积极对学校教育教学工作提供相关的专业意见；负责中心图书、文件、档案等资料的收集与整理；协助组织和管理专、兼职心理工作人员，安排好值班及相关工作；负责中心工作室及设备的维护和保管；组织各种师资培训和与心理工作有关的教研、科研活动；组织开展学生心理测试服务，建立学生心理健康档案，并认真做好其管理和使用工作；接受学生个别心理咨询及开展集体心理辅导，热情接待学生、家长的咨询，认真处理他们提出的各种问题，帮助学生及其家长调节心理状况，并对心理偏常的学生进行及时的诊断和鉴别；组织心理健康类课程及讲座的实施，开展心理知识普及宣传；负责向学生提供学校学生管理、心理教育方面的信息；参与心理辅导活动课程的设计与落实，并提出相应建议；按规定的时间进行值班等。

二、兼职心理辅导人员的职业能力与管理

兼职人员是高校为充分利用心理健康辅导的人力资源，切实做好大学生心理健康教育工作，在心理健康辅导工作中实施专、兼职结合工作制度而聘用的相关专业人员。

兼职人员任职条件。兼职人员应认真履行职责并具有与之相称的职业能力，一般应为具有中级以上职称，从事学生工作三年以上或从事相关专业教学，热心心理辅导事业，具

有心理辅导的基本知识且具有一定的工作经验和能力的干部、教师。

兼职人员要履行的工作职责及与之相匹配的职业能力。即面向全校学生开设心理健康教育讲座；对面临心理困惑问题的学生进行初步的咨询和辅导工作；参与中心组织的有关大学生心理健康教育的教学工作；协助中心开展大学生心理健康教育研究工作；参与中心组织的有关大学生心理健康宣传工作；按规定的时间进行值班等。

兼职心理辅导人员管理办法。兼职人员实行聘任制，聘期一般为两年。兼职人员的工作量计入教学指导工作量。值班报酬应与本校教学单位工作报酬一致或接近。

三、心理辅导员的职业能力与管理

心理辅导员在学校心理机构的指导下，结合实际有效组织本学院师生的心理健康教育工作，是各学院心理工作领导小组的主要成员。其职业能力与要求是：热爱学校心理健康教育工作，愿意为学校心理健康教育工作的开展奉献时间和精力，恪守心理咨询工作者的道德规范。心理辅导员是经本人自愿申请，学院推荐，心理中心考核，经培训后受聘上岗的。心理辅导员须持证上岗，必须接受过系统的心理健康教育专业培训，能为学生提供个别心理辅导。心理辅导员要遵循“尊重理解、真诚保密、助人自助”的辅导原则，认真做好来访者的接待工作，完成辅导记录。守时守信，热情服务，让自己的工作真正成为学生健康成长的需要，努力维护学校心理辅导站的声誉。心理辅导员应不断学习心理健康教育相关知识，以提高自己的专业素养、辅导技能和服务水平，并推动这项事业的发展。心理辅导员要严格遵循保密原则，对来访者的有关资料、案例予以保密；有条件的单独保管，不列入学校有关档案，不将来访者的案例作为谈话资料。在因专业和教育原因需要进行案例讨论，或采用案例进行教学、科研、写作等工作时，应隐去所有可能会辨认出来访者的有关信息（在得到来访者的书面许可的情况下可以例外）。心理辅导员应认识到自身的局限性，对自己能力范围外的个案，应及时做好转介工作。参与危机干预：在心理辅导过程中，如果发现来访者有危害其自身和危及社会安全的情况，心理辅导员有责任立即采取必要的措施，防止意外事件的发生（必要时应通知有关的上级主管部门）。心理辅导员应保持自身情绪的稳定与身心健康，在自身处于极度的情绪波动状态时，应避免接待来访者。

四、辅导员的心理教育作用与职业能力管理

大学生心理健康教育是一项系统的实践工程，辅导员既是学生思想政治工作的骨干力量，同时也是心理健康教育师资队伍的重要组成部分。

首先，辅导员要转变观念、分清角色，积极参与心理健康教育工作。辅导员的工作只

是一个子系统，因此，辅导员要充分认识到自己在心理健康教育系统中的地位，在教育实践过程中发挥自己的优势。辅导员工作在学生教育与管理的第一线，对学生各方面信息的收集有着独特的优势，可以有效通过自己或学生骨干掌握学生的心理健康状况和学生学习、生活、工作等方面的信息。辅导员要善于在学生中建立广泛的信息传递网络，善于通过网站、论坛、电子信箱、QQ 等途径拓展倾听学生心声的渠道，建立开放式的师生之间和学生之间的交流关系。这时辅导员对收集来的信息进行汇总、分析、鉴别和反馈而生成的工作内容，反映了辅导员的工作能力和工作敏感度。此外，辅导员还应积极就学生心理健康教育问题向学校的有关部门反映和通报，积极组织学生参加有关部门开展的各种心理健康教育活动，从而有效整合学校的各方力量，共同促进大学生心理素质的提高和健康成长。

其次，辅导员应立足心理视角，提升思想政治教育实效。对大学生正常的心理需要进行正确引导，是辅导员做好学生心理健康辅导的第一步。如果能满足大学生正常的心理需要，那么他们的心理发展就基本是健康的；反之，则会引发心理问题。要认识到学生的心理问题是因为其在满足心理需要的过程中出现挫折或障碍。大学时期是学生从未成年人走向成年人的过渡阶段，走进大学这个新环境，他们希望自己能够独立，但是他们又不知道如何独立，心理上会感到恐惧，所以在此阶段，他们特别需要心理上的支持。作为辅导员，应该帮助他们消除心理上的恐惧感，引导他们逐渐由未成年的依赖心理状态到成年人的独立心理状态过渡。作为辅导员，应该深入到学生中去，了解学生的个性发展，帮助和引导学生找到适合自己个性发展的人生目标，制订比较切合实际的职业规划。要同他们一起讨论大学的学习特点，引导他们树立明确的学习目标，帮助他们掌握科学、有效的学习方法，从而使学生能够顺利地完成学业。大学生迫切希望结交到真心朋友，但又缺乏交往的技巧和方法。因此，在交友方面会出现各种障碍及心理问题。辅导员在此时应当帮助他们，成为他们的第一个对话人，教会他们把握人际交往的原则和技巧，提高人际交往的能力。

最后，要积极树立辅导员开展心理健康教育工作的自信。许多辅导员与心理工作保持距离的心理原因在于感到自己对心理学很陌生，对心理咨询和心理健康教育自觉是门外汉。其实辅导员如能接受系统的心理咨询和心理教育培训当然能打破这种畏惧心理，而且在实际工作中，如果建立良好的师生关系，也为做好心理健康教育工作打下了良好基础。建立良好师生关系的第一步要给学生留下良好第一印象，心理学上叫作首因效应。具体到辅导员工作中应注意几点：一是做好新生的接待工作。大学生踏入大学校门，渴望能与师长倾心畅叙，得到心理关怀，因此，在新生进校的那时起，辅导员就应该抓住与学生建立良好关系这一契机。二是帮助学生解决实际困难。当学生学习或生活中出现困难时，辅导员应该尽自己所能，全力帮助。三是做学生的知心朋友。关注学生心理成长，增进师生间的交流和沟通。四是以身作则，心态平和，言传身教。这些都是建立师生良好关系的基础。第二步，要学会“看人下菜碟”，即因人而异。在现实生活中，不同的学生有不同的性格。如：有的学生坚强自信、宽容、豁达；有的自卑；有的学生意志薄弱，等等。辅导员在工作中应该研究分析学生的心理活动，将学生进行性格、行为分类，区别不同学生的心理活动，有针对性地结合学生的心理特点给予适当的满足和引导，在某种意义上就是初步完成了心理疏导和心理教育。第三步，要重点关注特殊群体。如：内向学生群体、贫困学生群体、网络成瘾学生群体、学习严重困难学生群体、应激状态学生群体等。

要加强辅导员的心理工作能力培养。辅导员要自觉学习和掌握心理健康教育的正确方法、加强心理健康理论知识的学习，正确分析工作中所遇到的学生心理障碍问题，对症下药，能够成功解决学生表层的心理问题，并学会引入心理健康教育工作的一些方法。实践证明，团体心理辅导作为发展性咨询，比较适合辅导员掌握和开展。辅导员可以带领班级开展团体训练活动，将生活中可能遇到的境况以游戏的形式展现，帮助参加活动的人去学习、体验、适应，而这些从游戏中学到的东西通过领悟、迁移，可以帮助学生解决现实生活中的问题，从整体上促进学生的心理健康，帮助他们增强和提高自身素质。

五、心理委员的遴选与管理

设立心理委员，旨在加强辅导员、心理健康教育老师与学生之间的交流，及时把握学生的心理健康状况，更好地对校园心理危机事件进行预防和干预，充分发挥朋辈教育的作用；通过心理委员的纽带作用，可以协助老师开展心理健康教育工作，进一步增强全校学生的心理健康意识。

心理委员的遴选与任职条件。首先要求个体具有“助人、奉献、热情、主动”的基本特质。“助人”就是要求心理委员能够做到乐于帮助其他同学，特别是从心理上去关心帮助其他同学，这是对心理委员的第一要求，也是对心理委员的最基本要求；“奉献”就是要求心理委员具有无私奉献的精神；“热情”就是要求心理委员能够满腔热情地投入到关心帮助同学的工作之中；“主动”就是要求心理委员能够发自内心地去自觉观察周围同学，主动体察同学的情感变化。每班至少配备心理委员一名。具体要求是：品学兼优，学习成绩良好。心理健康状况良好，乐观开朗。对心理学知识有兴趣，关注心理健康。热心集体事务，做事踏实认真，人际关系良好。善于与人沟通，具有良好的语言能力和组织能力。能够切实协助学校、班主任做好心理委员的工作，把工作落到实处。

心理委员的工作职责与要求。心理委员是一个直接与同学实行心灵互动的职位，在学校心理咨询中心老师、学院心理健康教育老师和校（院）心理辅导员的共同组织、指导下，开展班级心理健康教育工作。宣传普及大学生心理知识，传播心理健康理念，定期在班上开展一些有关心理健康的宣传活动，并做好相应的总结和记录，促进本班同学心理素质的提高。宣传介绍学院心理健康教育工作的进展和心理援助设施的建设。负责收集本班同学的心理健康信息，对本班同学的心理健康状况定期向辅导员做汇报。努力学习相关的心理与医务知识，提高对心理健康方面的认识，用相关知识帮助同学，用乐观心态引导同学。加强与其他班干部尤其是宿舍长的联系，及时发现问题，善于帮助有心理困惑和烦恼的同学，当发现个别同学有严重心理问题时，要及时报告学院领导和老师，并劝说其尽快到相关心理辅导、心理医疗机构寻求帮助。相关机构的工作遵循保密原则，维护同学的权益，不得随意泄露同学的隐私。协助心理专业老师上好心理健康教育课，做好班级心理普查工作。配合学院开展心理健康教育系列工作，积极参加各种心理讲座、心理委员培训、专题学习和交流活动，不断提高自己的工作能力。按照要求每学期写好工作总结，并上交各系心理辅导员。

第三节　高校心理健康教育队伍的心理素质管理

一、心理素质管理的含义

高校心理工作者的心理素质管理是对工作人员的心理素质进行控制和提高的总称，是管理者遵循事物发展与人的心理发展的特点、规律，有意识、有目的地借助各种媒介，调动人的主观能动性，使人保持良好心态，以实现共同目标而实施的管理；是关注其心理变化，调节其心理平衡，激活其心理潜能的活动，是新形势下高校心理健康教育管理工作的重要组成部分，也是新时期高校心理健康教育工作者队伍建设中应该加强的一个重要方面。

二、心理素质管理的意义

心理素质管理有助于加强和改进大学生心理健康教育。高校心理健康教育工作者是大学生心理健康教育工作队伍的主体之一，是大学生心理健康教育的骨干力量，是大学生心理健康成长的指导者、引路人和知心朋友。这支队伍的心理健康素质和心理素质如何，很大程度上关系着高校心理健康教育的效果。“教育是用生命感动生命，用灵魂唤醒灵魂”，而心理健康教育更是需要用心来完成的事业。高校心理健康教育工作者心理素质是进行心理健康教育的先决条件，是取得教育对象理解、信任的基本因素，也是重要的影响源。近年来，随着国际、国内环境的变化和高等教育事业的快速发展，高校心理健康教育工作者工作的环境、对象、内容、任务都发生了深刻的变化，这些都给高校心理健康教育工作者的心理素质提出了更高的要求。只有心理素质过硬的高校心理健康教育工作者，才能准确把握当代大学生的思想脉搏，创造性地开展工作，提高心理健康教育的实效性和吸引力、感染力。因此，加强对高校心理健康教育工作者的心理素质的培养有助于提升和改进大学生心理健康教育水平，也即满足有效育人的需要。只有用一个全面发展的生命去影响、熏染一个个需要全面发展的生命，通过支持与鼓励、细听与倾诉、说明与指导、控制与训练等方式让教育和管理建立在有效的心理关系上，努力成为学生智慧的生成者、学习的引导者、人际关系的调节者、心理健康的维护者、全面发展的促进者，才能支持和协助高等教育的效果和管理效能。

心理素质管理有助于发挥高校心理健康教育工作者心理素质整体功能。高校心理健康教育工作者的心理素质是指高校心理健康教育工作者心理诸要素及其发展水平，应该是那些与学生身心发展密切关联的心理品质的总和，是高校心理健康教育工作者在教育实践过程中反映出来的个性心理品质和心理能力的统一体。心理因素是高校心理健康教育工作者从事心理健康工作的基本动力。良好的心态能促进高校心理健康教育工作者的心理健康，充分发挥高校心理健康教育工作者工作的积极性和创造性，进而提高工作效能。消极的心理状态和心理体验则阻碍高校心理健康教育工作者个人潜能的发挥，束缚高校心理健康教育工作者创新能力的发展，也不利于工作效能的提高。针对高校心理健康教育工作者的实际情况，对高校心理健康教育工作者进行心理调查、心理疏导、心理训练，有助于提高高校心理健康教育工作者的心理防护能力、心理适应能力和心理承受能力，有助于心理素质整体功能的发挥。对我们来讲，就是关注高校心理健康教育工作者自身价值、独立人格、生存和生活及其意义、理想及命运。降低职业倦怠，增加幸福感，既能体味传道、授业、解惑的畅快，也有自身价值实现的愉悦，职业倦怠感就不会找上门来。

心理素质管理有助于提高高校心理健康教育工作者的心理自助能力。高校心理健康教育工作者工作不仅受外界环境的作用，而且还受自身心理状态、心理发展水平的调节支配。高校心理健康教育工作者在工作过程中，不可避免地会产生心理问题和心理压力。解铃还须系铃人，高校心理健康教育工作者心理问题的预防需要自我保健，心理素质的提高需要自我持之以恒的训练。心理素质管理的目的是让高校心理健康教育工作者自身学会自助。要有自助的意识，同时需要在督导和外界的帮助下，学会自助，具备自助的能力。具体要求高校心理健康教育工作者对内心冲突学会自我化解；对心理压力，能够自我缓解；对自我的不足、缺陷，勇于进行自我矫治；对自己解决不了的心理问题，敢于主动求助。

心理素质管理是实现高校心理健康教育工作者职业化的需要。心理素质将在一定程度上影响高校心理健康教育工作者的专业承诺、内在工作动机、职业决策、工作绩效、身心健康等，进而影响高校心理健康教育工作者队伍的职业化建设。职业效能感的高低是由人的职业素质决定的，职业素质高容易获得较高的职业效能感；反之，则获得较低的职业效能感。在高校心理健康教育工作者的整体素质中，心理素质是基础和核心部分，具有很大的能动性。

心理素质管理可以提升高校心理健康教育工作者个体的主观幸福感。效能感是对自身能力的信心或信念，是获得幸福感很重要的一个心理基础。自我效能感在自我调节系统中起着主要作用。一方面，自我效能感的高低不仅可以影响高校心理健康教育工作者对工作投入的兴趣和动机，影响高校心理健康教育工作者管理学生能力的表现程度；另一方面，也是影响高校心理健康教育工作者有效开展学生工作的关键因素，自我效能感还关系到我们的职业幸福感。

心理素质管理有利于大学生健全人格的塑造。与其他教育形式相比，心理健康教育者的心理形象与职业形象相关性要高很多。高校心理健康教育工作者的心理素质对大学生有明显的示范作用。他们的言行举止、兴趣爱好、意志品质和人格魅力等是其内心世界的客观反映，能对大学生的人格产生广泛、持久的影响。因此，优化高校心理健康教育工作者心理素质，对塑造大学生健全人格具有潜移默化的作用。

三、心理素质的内涵

心理素质是指人的认知、情感、意志、需要、兴趣等各种品质的特征，包含个性心理品质、心理健康状态、智力因素、自我认识能力、适应能力、社交能力等各个方面，因此，高校心理健康教育工作者自身心理素质优化的内涵是十分丰富的。它主要包括“正确的自我评价”“健康的生活态度”“符合现实的生活目标”“合理的自我控制”“积极的社会适应能力”“敏锐的洞察力”“充分的感染力”等具体内容。归结起来就是“知、情、意、行”。

（一）良好的认知

首先，对环境的认知。消极认知可能来自特殊的工作对象、复杂的工作内容、无界的工作时间、无限的工作价值、高标准的工作要求、对私人空间的无序侵占等。要努力建立积极认知，因为受害者心理可能更消极。要用负责任的态度重新审视：从自身角度是否对高校心理健康教育工作者工作性质评估不足或者自身职业匹配度不高等，找到问题的关键，负责任地去区分哪些是自己的因素，努力去改善；哪些是环境的因素，积极适应。

其次，对角色的认知。要能客观地看待本职工作的现实意义。对于自己选择的心理工作角色，可以建立的积极认知，如：这个工作使我们有机会看到的是成长、机会、积累，既是职业也是事业。一句话，对学生的作用可能是一生的影响，是别具价值的。良好的角色认知，首先包括利的价值：能在学生心灵的宣纸上用专业知识与其共同绘画，对学生的成长献上一份力，学生的人生因为有我们的参与而不同，这是利的价值。其次还有善的价值：为学生的成长我们殚精竭虑、呕心沥血，为学校的发展我们全心付出、无私奉献，为家庭和社会我们尽职尽责，尽管不轰轰烈烈，但我们于琐碎中彰显着善的尊严。最后是美的价值：我们虽然没有绘画、音乐、文学上的突出成就，但我们在学生的人生画卷上协助他们书写和描绘出开篇之作，在他们的人格、良知和教养上我们提供了美的影响。

最后，对自己的认知。德国哲学家谢林说过，一个人如果能意识到自己是什么样的人，那么他很快就会知道自己应该成为什么样的人。让他在思想上觉得自己重要，在现实生活中他也会觉得自己很重要。由于工作成功概率难以确定、见效周期长、成果无形化等实际因素，很多高校心理健康教育工作者对自身价值评价不准确，妄自菲薄。要积极认知：人与人之间有同情、有仁义、有爱。所以，世上有克己助人的慈悲和舍己为人的豪情。但是，每一个人终究是一个生物学和心理学上的个体，最切己的痛痒唯有自己能最真切地感知。在这个意义上，对于每一个人来说，最关心的还是自己，要别人比自己更关心他或要别人比关心自己更关心他，都是违背作为个体的生物学和心理学本质的。结论是：每个人都应该自立。做自己的一个冷眼旁观者和批评者，这是一种修养，它可以使我们保持某种清醒，避免落入自命不凡或者顾影自怜的可笑又可悲的境地。因此，学会认识自己，并扬长避短，做好自身的职业规划是积极的选择。当然，如果确实不能在这个工作中找到成就感和价值感，也应尽早另作选择，免得害人误己。

（二）积极的情感

积极的情感是心理的动力因素，是以个人的需要是否得到满足和对客观事物表示爱憎好恶的内心体验。积极的情感可以舒展情怀、净化心灵、催人奋进，是打开心扉的钥匙，是沟通心灵的桥梁，也是心理教育成功的前提。俗话说，感人心者，莫过于情。优秀的高校心理健康教育工作者的行为中都带有浓厚的情感色彩，譬如关爱学生、悦纳自己等。对学生要有大爱，许多优秀的高校心理健康教育工作者无不是因对学生怀有深厚的感情从而获得学生的尊重甚至是崇拜，同时获得工作业绩。对自己的情绪要管理，稳定的情绪是情感的外部表现。高校心理健康教育工作者的情绪是否稳定，是否乐观和积极，将影响高校心理健康教育工作者的整个心理状态，关系到心理健康教育的效果。情绪需要管理，诸如焦虑、愤怒等负面情绪的管理尤为重要。因此，高校心理健康教育工作者应当学会做情绪的主人，使自己经常保持乐观愉快、热情开朗的良好情绪。

（三）坚强的意志

良好的意志品质包括献身心理健康教育事业的明确的目的性；多谋善断的果断性；知难而进的顽强性；沉着冷静的自制力等。学会挫折管理，因为不是每一次加班都有人看到、不是每一个活动都能获得掌声、不是每一个号召学生都能响应、不是每一次创新都能获奖。为所当为、问心无愧。善于压力调试，化解职业安全危机。高校心理健康教育工作者即便工作再努力，也难以确保学生不出意外。罗宾斯认为：压力是一种动态情境，在这种情境中，个体要面对自己所期望的目标相关的机会、限制及要求，并且这种动态情境所产生的结果被认为是重要而又不确定的。高校心理健康教育工作者虽然不是第一责任人，但心理的、外界的压力仍然如影随形，正是这种对未来不确定事故的忧虑所引发的职业预期压力，使他们深感“职业安全”经常面临威胁。

（四）营造和谐的人际关系

和谐的人际关系是高校心理健康教育工作者良好心理素质的一个重要指标，它包括：了解自己的义务和权利，使个人的思想、目标、行为与社会要求相互协调；能客观地了解和评价别人，不以偏概全，积极与他人做真诚沟通；与他人相处时，尊重、信任、赞美等正面态度多于仇恨、嫉妒等负面态度。

（五）保持心理健康

美国心理学家马斯洛和米特尔曼提出心理健康的十条标准被公认为是“最经典的标准”：充分的安全感；充分了解自己，并对自己的能力做适当的估价；生活的目标切合实际；与现实的环境保持接触；能保持人格的完整与和谐；具有从经验中获得学习的能力；能保持良好的人际关系；适度的情绪表达与控制；在不违背社会规范的条件下，对个人的基本需要做恰当的满足；在不违背社会规范的条件下，能做有限的个性发挥。

四、提高心理素质的方法与途径

高校心理健康教育工作者心理素质管理应遵照协调发展、心理补偿、心理疏导、体验内化与自我调节相结合的原则。

（一）协调发展原则

协调发展，首先是心理素质内涵的心理品质和心理能力的协调共进、协调发展。人的心理活动及其积淀而成的心理素质，是一个多层次、多因素的复杂系统，各种心理素质之间有着紧密的联系和作用，在心理素质管理中只注重几个方面而忽视其他方面是不正确的，应促进心理素质各个方面协调发展，以达到心理素质的优化和提高。其次是高校心理健康教育工作者的心理素质的提升与高校心理健康教育工作者的政治素质、道德素质、文化素质的提升是紧密联系的，心理素质的提高需要高校心理健康教育工作者各方面素质的协调发展。高校心理健康教育工作者要更好地认识自己和社会，扬长避短，发挥潜能，开发创造力，增强社会适应性，就必须不断超越自我、完善自我，提升整体素质。高校心理健康教育工作者心理素质的协调发展主要是发展智能，发展个性，发展社会性，发展创造性等。

（二）心理补偿原则

生理素质缺陷可以补偿，心理素质缺陷同样可以通过补偿来调节。高校心理健康教育工作者心理素质缺陷的表现是多方面的，因而补偿的内容也表现在多个方面，如：情感补偿、体验补偿、人际交往补偿、意志力补偿、心理承受力补偿、心理活动导向补偿等。关注高校心理健康教育工作者的心理状态，不仅要注重其外在行为的控制，更要关注其内在需要的满足。针对高校心理健康教育工作者某些心理需要的缺失进行积极补偿是恢复其心理健康状态，矫正其心理问题行为的有效措施。高校心理健康教育工作者工作纷繁复杂，事无巨细，付出与回报并不成正比，加之晋级、待遇等方面的不公，高校心理健康教育工作者也有心理失衡的时候。当心理失去平衡之后，不仅会给人不愉快的情绪、情感体验，而且也会使失衡者产生一种心理需要，那就是要迅速进行心理调节，使之平衡，摆脱失衡心态的阴影笼罩。心理补偿一方面能够提高心理调节能力，另一方面也能够维护心理健康，因而心理补偿是获得良好心理素质的重要途径。

（三）心理疏导原则

心理疏导就是疏通心理淤塞，使心理活动畅通无阻。加强心理疏导和行为指导，是培养高校心理健康教育工作者健全人格和健康心理的保证。近年来，随着高校改革的深化，办学规模不断扩大，招生人数不断增多，高校的心理健康教育工作者群体也面临着一些这样那样的现实问题。加强心理疏导可以塑造高校心理健康教育工作者良好的心理品质，树立正确的世界观、人生观和价值观，认清个人价值与社会价值的辩证关系，自觉把献身心理健康教育事业作为实现自身价值的根本目标。高校心理健康教育工作者在现实生活中难免有解不开的结，如果不能及时加以疏导，势必导致心情不愉快，工作无效率。因此，高校管理层应注重对高校心理健康教育工作者的心理疏导，促进高校心理健康教育工作者良好心理素质的生成。

（四）体验内化原则

体验是一个由知、情、意、行综合构成的内化系统，它是心理素质形成的内在机制。影响高校心理健康教育工作者心理素质的因素既有客观因素，也有主观因素。高校心理健康教育工作者要形成正确的认知体系、适度的情感反应、良好的意志品质、健康的人格特征，离不开正确的世界观、人生观、价值观和必要的心理学知识，离不开良好环境的熏陶，也离不开在生活实际和社会实践中的切身体验。心理的发展是一个学习过程，真正有效的学习是一种心智活动，体验是一切心智活动的基础与前提。体验是用全部的心智去感受、关注、认识、评价某一事物、人物、事件、思想。只有以体验为前提，才能有效地进行认识活动，并进而发展情感、锤炼意志、塑造健康人格。对于高校心理健康教育工作者来说，提升心理素质仅靠体验不行，还必须将体验获取的信息内化为一种稳定的、与个体行为相联系的心理品质和心理能力。只有经过反复的体验内化，才能使外部的转化为内部的，客体的转化为主体的，才会明晰认识，坚定信念，规范行为，形成品质。体验内化是心理素质形成的关键。

（五）自我调适原则

所谓调适，顾名思义就是调整、适应。心理素质表现为一个人积极、持续的心理状态，它是一个动态的形成过程，需要不断地进行心理调适。对于高校心理健康教育工作者来说，既要调适自己的行为，又要调适自己的心态。首先，要有“内省”的自律心理。所谓“内省”，就是对自己内心的省视、省察，是一种自觉的自我反省。通过“内省”深刻反思自己的言行、举止、待人接物、为人处世的种种表现，进而做出自我评价、进行自我心态的调适，促使自己行为适应、达到自我完善。其次，要有持之以恒的毅力。心态的调适，尤其是健康心理的培养也不可能一蹴而就，而是一个长期的、曲折的实践过程。高校心理健康教育工作者在心理素质养成过程中，要有坚韧不拔的毅力、知难而上的心态，对自己、对学生要始终持积极乐观的态度。培养良好心理素质，要从每一件事的心态调整做起，久而久之，必定习惯成自然，上升为心理素质的内容，坚韧、耐心、自信、乐观、顽强、和谐、创造等心理品质无一不是长期锻炼的结果。自我调适有以下几种主要方法：

1. 移情

当高校心理健康教育工作者处于难以释放的压力之中和面对难以完成的任务时，可以把产生压力的事件先放在一边，试着去做自己喜欢的和比较轻松的事情，通过参加一些活动，或通过身体锻炼、培养业余爱好、听音乐、散步等转移自己的注意力，从而消除压力带来的紧张和焦虑等情绪。

2. 反思

高校心理健康教育工作者应经常记录自己在心理健康教育和学生事务管理工作中获得的经验、心得，并与经验丰富的高校心理健康教育工作者共同分析，相互探讨对同一问题的看法和处理问题的方式方法，对学生心理健康教育和学生事务管理工作中遇到的问题进行深入调查研究等。

3. 认知重建

任何事情都有两面性，积极的认知方式能使人增强信心，情绪饱满。高校学生工作内容的不断扩展给每位高校心理健康教育工作者提供了平等的竞争机会，但绝对不会保证每位高校心理健康教育工作者得到平等的收入和评价，高校心理健康教育工作者个体要学会正确地认识和评价自己，并在此基础上形成积极正确的自我观念，扬长避短，学会制定现实可行的、具有灵活性的自身发展目标，并为取得的部分成功表扬自己，增强自我保健意识，善待自己。高一层着眼，深一层存心，远一层设想，对工作、对自己、对未来，首先要想明白，然后才能做明白。

4. 多角度寻求支持系统

社会支持可以减轻压力过大而带来的负面影响。因此，多角度寻求社会支持能有效地缓解精神压力。一是与家人进行思想交流，获得家人的理解与支持；二是多参加同事之间、朋友之间的文娱、体育等集体活动，通过文化休闲的手段缓解压力；三是求助专业咨询人员，通过心理辅导排解负面情绪。

总之，高校心理健康教育工作者要学会“用自己的矛攻自己的盾”，在帮助和支持大学生心理健康和发展的同时，首先要解决好自身的心理问题。

第四节　高校心理健康教育工作者的人格素养与培养

从事心理咨询工作的咨询人员必须掌握理解人的行为、人的心理的心理学知识，这是从事心理咨询工作的基础，也是非常必要的智力因素。但是，如果仅仅掌握了心理学的知识，自身缺乏人格素养，那么对来访者所需要的成长愿望就无法给予足够理解，就不能接纳来访者的各种感情、情绪的表现，更不能给予无条件的积极关注和尊重，就不可能成为一名合格的咨询人员。因此，咨询人员除掌握必需的心理学知识之外，还应不断加强自己人格素质的培养，更好地理解人的本质特征和自我完善的可能性，这样才能更好地帮助来访者解决心理问题。

一、重视高校心理辅导人员人格素质的意义

提高高校心理辅导人员人格素质，首先是高校心理咨询发展性模式的要求。高校心理辅导就其辅导的内容来说，包括学习辅导、生活辅导、人生修养辅导、性格修养辅导、择业辅导等几个方面。因此，主要应定位于发展性辅导模式。而发展性辅导（咨询）的功能在于：一是激励咨询对象调整解决自身心理问题的能力结构，从信念和动力结构方面树立起主体意识，从总体上培养其健康的人格结构；二是帮助咨询对象纠正对自身内部心理状态以及对外部社会环境的不恰当认知；三是为咨询对象实现更高的人生目标设计和提供最佳行为策略；四是通过心理健康教育，指导个体预防潜在的心理问题，等等。这就要求心理辅导人员首先应对各种社会影响和现实问题做出正确的价值判断，基于这种判断，在教育过程中引进最具价值的心理学知识和技能运用于实践，帮助学生改变认知，打造完善的人格结构。如果心理辅导人员自身的人格结构不完整，或者说本身就存在着一些片面错误的认知，那显然他无法提供正确、客观的价值判断结论，那么他给学生提供的内容显然是令人担心的，纵然他本人掌握了最先进的心理学知识，最高超的心理辅导技巧又能如何呢?

提高高校心理辅导人员人格素质，又是大学生这一特殊辅导对象的要求。心理治疗的主要目的，不是使人进入一种不可能的幸福状态，而是要帮助他面对苦难具有一种哲学式的耐心和坚定。大学生具有较高的文化素质和思想修养，有较好的分析问题、解决问题的能力，有较强的逻辑思维能力，是一个较为特殊的辅导对象群体。如果想让你的辅导给他以“哲学式的耐心和坚定”，你就得让他感觉到他所面对的辅导人员本身就有这种耐心和坚定。因为在发展性模式里，学生的问题更多的是成长过程中的问题，辅导过程中更多体现的是辅导人员自身的成长经验、价值体系、情绪感受向求助者的转移，学生从中筛选出能引起他共鸣的信息去模仿、借鉴，或者说是学会成长的过程。因此，辅导人员的表率作用、偶像作用是非常关键的，在某种意义上说可以弥补专业素质上的不足。实践证明，高校中拥有巨大人格魅力的辅导人员更容易取得来访学生的信任和肯定，辅导效果更明显。

二、高校心理辅导人员应具备的人格素养

对咨询人员的素质、人格特性及其具体要求，往往因心理咨询学派的立场和观点的差异而有所不同，但有一些基本的人格素质是需要具备的。本文认为，主要包括以下几个方面：

（一）客观性

客观是作为咨询者（治疗者）在从事临床咨询和治疗过程中必须保持的态度。对于高校心理辅导人员而言，在心理辅导的实践中，这一客观态度包含共感能力、诚实接纳及深入理解对方的情感态度，也即“共感的理解”。

（二）对个人的尊重

尊重是每一个来访者对咨询者最基本的需要。作为高校大学生，他更需要有人对自己所面临的问题给予重视和平等的尊重，而他来到心理辅导人员面前时，意味着他已经认为同学、家长和其他老师无法给予他想要的这份尊重和理解了，而把唯一的希望投注于他所选择的这名辅导人员身上。那么心理辅导人员对来访学生首先要做的就是对其现在所处的心理状况给予深入的理解，尊重他的价值，无论何时都信任他，承认他的生活方式，使来访学生从苦恼与不安中解脱出来。换个角度讲，就是接纳他的本来面貌，也即称为“无条件的积极关注和尊重”。

（三）自我理解

对自我的理解，也即称为“自我一致”。心理辅导人员首先应该具有能够解决自己个人问题的能力，能自我接纳，自我调节、自我防卫机制不能过强，无论遇到什么困难，都应该能积极地、开朗地对待生活。只有这样，才能相信来访者自身的力量，才能承担起帮助来访者解决问题的责任。咨询人员应该有自知之明，了解自己的长处和短处，不断地提高、改善自我。

（四）专业人格

任何一个从事某一专业领域的人都应具备与其专业要求相当的人格。在实践中，高校心理辅导人员应该是身心健康的一个群体，在学生心里往往对其有趋于完美的期望。因此，辅导人员的专业人格包括良好的个性（性格）和高尚的品德（品格）。

三、高校心理辅导人员人格素养的培养

心理辅导是一项为人提供心理服务的临床专业，它是一门科学，也是一门艺术。毕竟不是现有的人力资源都具有充分而必要的条件来实现高校心理健康教育工作的要求，那么就有一个对希望从事心理辅导人员的人格素质选择的过程，更需要继续教育和跟进培养。主要应该有三个方面的培养：

（一）自我意识的培养

心理辅导人员自我意识培养的主要内容是善于利用自我意识，实现自我调控，保持心理健康，并善于指导学生发展自我意识，开展自我教育。心理辅导人员自我意识发展完善的一个重要标志是其角色的心理适应，即能够依据社会的期望与职业活动的要求，以及特定的教育情境，随时调整自己的心理和行为，以适应这个角色。另一个重要标志是自我调控能力的提高。

（二）情绪、情感、品质的培养

稳定的情绪是心理辅导人员完成心理辅导工作不可或缺的条件。高校心理健康教育工作者情绪、情感培养的主要内容，是使其懂得情绪、情感产生的机制、特点、功能及正常值；了解自己情绪、情感发生发展的特点、水平和规律，学会一些调控的手段和方法，形成良好的情绪反应能力和适宜的宣泄方式，经常保持良好的心境和乐观、沉着的情绪；心理辅导人员每天要接触大量的“情绪垃圾”，就要具备较强的抗干扰和自控能力，防止焦虑、烦躁、抑郁等心理疾病的发生；在建立完善的督导制度的同时，也应重视进行理智感、美感、道德感等高级情感的陶冶，使其情操发展并升华到较高的水平。

（三）需要与动机心理品质的培养

心理辅导人员还应具有以下特点：一是要助人为乐。把心理辅导工作和帮助每一个有需要的学生当成最重要的事情，当成自己的事情，以学生的求助需要为自己的需要，保持较强的职业兴趣。二是甘于寂寞，注重精神追求。高校的心理辅导工作相对于学校其他工作来说，属于新生的、边缘性的工作。相应的福利待遇以及评职等问题并没有什么优势，甚至还有不顺畅之处。因此，高校心理健康教育工作者只有将自我需要与动机调整到注重精神追求的层次，才能保持良好的心态，适应工作的需要。三是心理辅导人员必须自觉地以一定的道德标准制约需要，决定一些需要的取舍，力求使自己的思想行为符合社会要求，成为学生的表率。

第五章 高校心理健康教育工作建设

第一节 高校心理健康教育必修课

在现代社会中，许多大学生时常会因为逐渐增加的社会角色和责任或遇到一些难以解决的问题而产生困惑，甚至因此而产生心理问题。开设大学生心理健康教育课是实施大学生心理健康教育、提高学生心理素质和心理健康水平的一个重要手段。为了适应大学生心理健康教育发展趋势，我国各大高校不断加强高校心理健康教育课程化建设。各高校在心理健康教育课程的设置工作中，必须要切实根据大学生的心理特点和发展需求，准确把握心理健康教育课程的独特性质，合理规划心理健康课程的教学内容，组建与培养教学团队，开设面向全体大学生的“大学生心理健康”课程，并加强教学评估与督导，充分发挥课程教学在心理健康教育体系中的作用。

一、高校心理健康必修课的基本认知

高校心理健康教育课程是指以培养大学生良好的心理素质，促进大学生身心全面发展为目的，以心理知识传授、心理品质培养和心理辅导为内容，根据大学生生理、心理发展的特征与规律，由具有一定心理学素养的教育工作者设计和组织的专门课程。高校之所以开设心理健康教育课程，主要是为了能够更好地让大学生相对系统地了解心理健康的理论，并且在理解理论知识的基础上掌握一些心理治疗方法，满足其对心理健康知识与方法的迫切需求。经过长期的发展，目前我国绝大多数高校中都已开设了心理健康教育课程。

（一）心理健康必修课的课程性质

在我国高校中，心理学类课程被分成心理学专业教育课程和高校心理健康教育课程。具体来说，这两种课程的区别在于其针对的对象、课程目的和所讲内容的侧重点。正是由于高校大学生心理问题发生率增长，心理教育需求持续提升，高校心理健康教育课程才应运而生。

我国高校心理健康教育课程更加侧重于学生心理素质的发展，其主要任务是通过有效

的心理健康教育，识别与预防各种心理障碍，解决大学生在日常学习、生活中遇到的各类适应性和发展性的问题，是一门具有广泛实用性和指导性的课程，对于促进大学生的身心健康成长有着重要的意义。

（二）心理健康必修课的课程目标

“大学生心理健康”作为一门素质教育课程，其设立宗旨在于让学生通过这门课程的学习明确心理健康的标准及意义，增强自我心理保健意识和心理危机预防意识，掌握并应用心理健康知识，培养自我认知、自我调节、人际沟通等能力，提高心理素质，促进学生身心的全面发展。因此，该课程的设立和最终预期想要达到的目标就是使学生在知识、技能和自我认知等层面达到以下标准：

1. 知识层面的目标

在知识层面，应该使大学生对心理学的有关理论和基本概念有足够的了解，而且可以明确心理健康的标准及意义，了解在大学阶段人的心理发展特征及异常表现，掌握自我调适的基本知识。

2. 自我认知层面的目标

在自我认知层面，使学生树立心理健康发展的自主意识，了解自身的心理特点和性格特征，能够对自己的身体条件、心理状况、行为能力等进行客观评价，正确认识自己、接纳自己，在遇到心理问题时能够进行自我调适或寻求帮助，积极探索适合自己并适应社会的生活状态。

3. 技能层面的目标

在技能层面，要使大学生掌握自我探索技能、心理调适技能及心理发展技能。具体来说，要培养学生学习发展技能、环境适应技能、压力管理技能、沟通技能、问题解决技能、自我管理技能、人际交往技能和生涯规划技能等。

（三）心理健康必修课的课程设置

各大高校要根据学生心理健康教育的现实需要，结合本校的实际情况，制定科学、系统的教学大纲，组织实施相应的教育教学活动，保证学生在校期间普遍接受心理健康课程教育。

对于现代高校来说，要想有效地开设心理健康必修课，就必须在前期对课程的具体教学时间、教学内容、教学形式和教学人员等方面进行科学、合理的计划和准备，具体如下：

1. 教学内容安排

在具体的高校心理健康教育课程建设工作中，必须要做到实践教学内容与理论教学内容相匹配，形式上提倡多样化，以巩固与提升理论教学效果。

无论采取怎样的课程模式，心理健康教育的理论教学内容都应该包括以下基本方面：大学生心理健康与咨询、大学生心理困惑及异常心理、自我意识、大学生人格发展与心理健康、学习心理、大学生人际交往、生涯规划、恋爱与性心理、情绪管理、压力与挫折应对、生命教育与心理危机应对。

2. 教学设计安排

高校心理健康教育课程与其他的专业文化类课程有一些不同之处，其开设是以学生心理健康成长设计和运作为基础的，因而不能像传统教学方式那种单纯以知识灌输的模式教学。在高校心理健康教育的教学实践中，更多的还是采取让学生以亲身体验的教学模式为主，以便使其更好地获得心灵感悟。这就要求在心理健康教育教学设计中遵循以体验为先，理论与实践相结合，侧重体验的原则。在高校心理健康教育课程的教学方法上，采用项目教学法、团体辅导法、小组讨论法、行为训练法、游戏辅导法、互动体验式、案例分析、角色扮演等多种教学方法，增强教学感染力和实效性。在高校心理健康教育的教学手段上，教育者要充分利用高校中丰富的网络、多媒体、案例等资源，调动学生参与心理健康教育的积极性。

3. 教学人员储备

在当前阶段下，高校在心理健康教育部分的教学人员安排上有高校专职、兼职心理健康教育教师、高校外聘兼职教师、高校心理辅导员队伍相结合等几种方式。在传统的高等教育中，各大高校对于学生的身体和专业知识的关注较多，而对学生心理方面的问题关注较少。随着现代社会的节奏加快，大学生身心方面的压力也大大加重，在这种时代背景下，很有必要加强高校心理健康教育工作。

为了切实做好心理健康教育工作，各大高校要致力于形成长效的培养机制，建立一支师德高尚、专业过硬、结构合理、充满活力的心理健康课程教学队伍，加强心理健康课程教学人员培养工作，鼓励教师积极开展心理健康教学研究和团队教学，参与心理咨询与心理训练。

除此之外，各大高校还可以聘请相关方面的专家加入本校的心理健康教育教学队伍，创造性地开展各种教学教研活动，促进教学水平和教学效果不断提高，并鼓励有条件的辅导员参与相应课程教学。

4. 教学时间安排

从大学生实际需求的角度出发，心理健康教育课程授课时间应该以大一学期为主，之后再开设则会错过学生心理适应发展的最佳时间。根据国家教育部相关文件规定，高校教学课程在开设时间和方式上要做到：在第一学期开设一门“大学生心理健康教育”公共必修课程，覆盖全体学生，在其他学期开设相关的公共选修课程，形成系列课程体系。在这个基础上，有条件的高校可以增开与大学生素质教育、心理学专业知识有关的选修课程。

在大一新生刚入学的一段时间里，多数学生还没有对大学的生活模式完全适应，对于大学生活的适应感有待加强，因此，这就需要高校在具体的教学设计上做一定的安排加以处理。最为理想的课程安排应该是把心理健康教育课程体系覆盖大一到大四，针对每个时期不同的发展任务，有针对性地安排专题课程。

二、高校心理健康必修课的教学模式与教学方法

近年来，我国各大高校普遍开始关注学生的心理健康水平，并相应地开展了多种心理健康教育活动，学生的参与热情也空前高涨。

心理健康教育的方法和途径有很多，单就心理健康必修课的教学而言，有大量的基础理论知识需要讲解，这些理论知识对于课程后面可能设置的活动课或体验课都有指导性的作用。具体来说，高校心理健康教育绝不能忽视对于基础心理理论的讲解，还必须以课程教学为其主要教学渠道。对心理健康必修课教学模式与方法的探索是有效提升心理健康课程教学效果的必经之路。

（一）心理健康必修课的教学模式

教学模式是对教育教学实践经验概括和总结后，形成一种指向特定教学目标的比较稳定的基本教学范式，它是某种教学理论在课堂教学特定环境中的表现形式，可以实现特定条件下的教学结构和功能统一。

教学模式是指导教学实践的重要依据。因此，在教学中采用合理的教学模式，对提高大学生心理健康教育课程的讲授效果有着重要作用。

1. 讲授式教学

所谓讲授式教学，顾名思义，就是指教师通过课堂教学，以语言为主要教学方式向学生传授心理学的理论、知识和事例的教学模式。讲授式教学模式是在传统课堂教学模式的基础上逐渐演变而来的，在心理健康教育课最初开设时为大多数教师所运用。

相对来说，讲授式教学模式更加便于心理健康教育的教师掌握。但是，在这样的课堂教学模式下，往往处于一种教师主动而学生被动的局面，不利于学生在这方面的成长。由此可见，高校中从事心理健康教育的教师要将讲授式教学模式与其他教学模式相结合，防止过度知识化和学科化倾向。

2. 对话式教学

所谓对话式教学，是指教师根据教学要求选定讨论主题，并根据班级情况将学生分组，每个小组选定一名组长，小组内成员每人都要发表自己对主题的看法，最终形成小组意见，然后小组与小组讨论，最后由教师做总结的教学模式。对话式教学中的对话包括多方面的内容，具体有学生与学生的对话、小组与学生的对话、小组与小组的对话，还有学生与教师的对话以及小组与教师的对话。在这种教学模式下，教师只是一个组织者，对话时是完全与学生平等的关系。

对话式教学模式给学生和教师营造了一个平等和谐、畅所欲言的课堂氛围。在这种教学模式下，对于学生提出的任何观点与方法，无论其正确与否，教师不会简单地表示赞同或给予批评指正，而是让学生通过小组的讨论和辩论，利用理性的思维来检查自己的行为模式，从而解决价值冲突。但是，课堂毕竟是课堂，单纯的讨论避免不了形式过分的单一，不宜过多地采取这种模式。

3. 活动式教学

所谓活动式教学，是指在某种环境中组织心理教育活动，以培养学生的心理品质的教学模式。在活动式教学模式下，教师设计的心理活动要以学生的心理特点为基础，应极力避免主观臆断式的设计思维。学生参加心理活动旨在获得充分的心理体验，这种心理体验的效果甚至高于坐在教室里单一地接受老师的语言讲授，以此提高学生对社会的适应能力和心理健康水平。

活动式教学模式不但可以充分调动学生的积极性和主动性，形成活跃的课堂氛围，还可以在遵循心理健康教育课活动性原则的前提下给学生带来充分的心理体验。但是，对于高校心理健康教育的教学教师来说，活动式教学模式需要教师有丰富的经验和较强的组织管理能力，活动过后教师需要花时间解释活动的目的、分析活动中的现象、给出相应的结论并指导学生如何在现实中运用，因而很不容易把握和控制。

4. 诱导式教学

所谓诱导式教学，是指由教师创设具体情境，以引起学生的情绪体验或行为反应，在学生积极参与和教师根据心理学原理有目的的诱导下，学生自觉进行自我教育，发展心理品质，开发心理潜能的教学模式。具体来说，诱导式教学模式大体上可分为创设情境、操作体验、问题感知与交流感悟这几个阶段。

（1）创设情境

在高校心理健康教育实践中，创设情境是诱导式心理健康教育的一个重要部分。具体来说，情境的创设可以利用讲故事、录像、投影等教学手段来实现。

（2）操作体验

在操作体验中，教师一方面要鼓励学生轻松活泼地进行表演，以吸引更多学生的参与热情；另一方面还要引导学生将注意力集中在所扮演的角色上，注重角色所表现出的意义和感觉，而不是学生的演技。

（3）问题感知与交流感悟

在交流感悟阶段，教师应引导同学之间互相交流体会和感受，在自我教育中不断内化，加强自律能力，训练和强化健康的行为方式。在诱导式教学模式下，教师最重要的是通过一系列的方法让学生进行“感受”和“体验”，教师不必做经常性的讲解，只需要在重点或必要时加以引导。这种教学方式比教师直接给出答案更有利于加深学生对知识的印象。

从客观角度来说，诱导式教学模式是一种较理想的模式，它特别强调学生的心理体验，让学生潜移默化地接受行为训练。在这种教学模式中，学生是活动真正的主体，教师仅对学生循循善诱地进行引导而非刻板地说教。

（二）心理健康必修课的教学方法

从本质上来说，大学生心理健康教育是一门素质教育课程。在心理健康教育课程的建设中，为了更好地引发广大学生的兴趣，就必须要格外重视课堂练习与情境体验相结合，课程知识讲授与案例分析相结合，教师引导与学生参与相结合的教学思路，打破单一的知识讲授的教学方式，采取灵活多样的教学方法，使大学生心理健康教育课程的教学方法具有自己的鲜明特色。在当前阶段下，我国各大高校普遍运用的“大学生心理健康”课程教学的方法主要有以下几种：

1. 语言教学法

语言教学法主要应用于“大学生心理健康”不同主题下的心理健康基础知识教学中。相比之下，心理健康教育课程中对语言教学法的应用与其他学科的语言教学有着明显的区别。在心理课程教学中，更应注重课堂中的师生互动、启发领悟与心理体验。教师可以借助多种媒体或通过提问、小组讨论等方式，让学生进入老师的语境和情感中，更好地理解所讲授的心理健康知识，提高维护自身心理健康的能力。

2. 心理测验法

心理测验法是深受大学生喜欢的一种教学方法，也是大学生了解自我心理状况的一种简单有效的途径。为了加深学生对课程内容的理解，教师可以有目的地挑选出一些适合课堂完成的心理测试量表，对学生进行心理测试，让学生更好地了解自我，进而主动调节自己的心理，维护心理健康。教师要选择一些科学规范、信效度较好的量表，并对测量结果进行适当分析和解读。

3. 角色扮演法

所谓角色扮演法，是指教师提供一定的主题情境并讲明表演要求，让学生扮演某种人物角色，演绎某种行为方式、方法与态度，以达到深化学生认识目的的一种教学方法。根据组织形式的不同，高校心理健康教育课程中的角色扮演法可细分为短剧和小品表演、哑剧表演、空椅子表演、改变自我的表演等形式。人类历史上的教育实践表明，只要运用得当，这种方法对于培养大学生良好的心理素质会产生较为满意的效果。

4. 案例分析法

所谓案例分析法，就是指教师通过列举贴近当代大学生的生活典型案例，针对他们普遍的心理困惑，层层解剖分析，或者以提问方式启发引导学生进行具体分析，帮助学生深化认识，获得感悟，找到解决实际问题的办法。例如，在生命教育知识的讲课中，教师可以列举正反两个对生命不同态度的个案，分别进行具体分析，帮助学生深化对生命的理解，引导建立或强化正确的生命观。

5. 情境再现法

所谓情境再现法，就是指教师向学生提供或创设各种情境，让学生在亲身实践中，获得体验，如：心理游戏、团体活动、视频欣赏的教学方法。在这种寓教于乐的教学活动中，可以有效地活跃课堂气氛，吸引学生的注意力，最终提高学生的学习兴趣。

三、高校心理健康必修课的教学质量管理

加强高校心理健康教育工作是大学生健康发展的必然要求，同时也是高等教育现代化的必然要求。在当前阶段下，我国大多数的高校都已经设立“大学生心理健康”必修课程，通过对这门课程的学习，大学生可以进一步了解心理学，并对自身有更加深刻的认识。大学生心理健康教育的实效性在很大程度上取决于教学质量的高低。

从根本上来说，大学生心理健康必修课程教学质量管理既需要相关教育部门制定切实

可行的制度措施加以引导，更需要广大心理健康教育教学工作者以教学团队建设为基础，潜心研究，不断创新，及时发现问题、解决问题，不断运用先进的教学管理理念，加强教学质量的监控。对于高校心理健康必修课的教学质量管理具体分为三个阶段的管理工作，即课前教学质量管理、课中教学质量管理以及课后教学质量管理。

（一）课前教学质量管理

所谓课前教学质量管理，就是指教师或与指定的学生一起在课前为整个课程能够顺利进行所做的所有管理工作。这是教学质量管理的首个环节，也是最为重要的管理阶段。

1. 课前教学质量管理的工作内容

课前教学质量管理的工作内容主要分为两个部分来进行：一是课程教学准备活动，二是制订培养方案。

（1）课程教学准备活动

对于广大心理健康教育教学的教师来说，主要是进行上课前的备课和一系列的课程教学准备活动。其具体内容主要有：选择教学内容、制订课程授课计划、思考教学方法和课程评分方法等。

（2）培养方案的制订

在制订高校心理健康教育培养方案的时候，课程教学质量就已经开始了。培养方案包括培养目标的制定、课程体系的建立以及课程设置、课程结构、课程教学大纲、课程质量标准体系等内容。这一方面主要由学校教务管理部门负责组织完成。

2. 课前质量管理制度

为了保证高校心理健康教育课程的教学质量，课前质量管理重点要落实以下两项制度：

（1）课前试讲制度

在主备课教师制作好多媒体课件和教学方案后，可以由若干位教师在教研室内提前听主备课教师进行一次完整的试讲。试讲完毕后，教研室成员可以从课件制作、教学方法、教学态度、教学组织等多方面进行当场点评并提出修改意见，主备课教师在此基础上形成完整的课程设计和多媒体课件制作。

（2）集体备课制度

在集体备课制度下，由高校心理教研室根据教学大纲和学生的实际情况，制订学期整体和阶段性教学计划。明确授课任务之后，教研室要根据教师的特点和兴趣确定具体专题的主备课教师。

具体对某个专题进行集体备课时，先由主备课教师提出教学思路，再经集体讨论确定教学单元的教学重点、难点和教学要求，最后由主备课教师完成教学方案和多媒体课件。

（二）课中教学质量管理

所谓课中教学质量管理，就是指对上课过程中的教学质量所进行的管理。课中教学质量管理包括多个方面的内容，主要包括教师对课程内容的熟悉与掌握程度，对授课进度、课堂纪律的控制情况，以及在学生学习积极性的调动、提高学生的自主管理意识等方面的表现。

在课中教学质量管理中，教师占有绝对的主导地位，这主要表现为讲授过程中的知识讲解、安排、进度、学习氛围、课堂纪律等都由任课教师掌握。由此可见，对课中教学质量管理是课程教学质量管理最为重要的部分，为保证课中教学质量管理的严格、合理，必须要遵守以下两个方面的制度：

1. 严格课堂教学管理制度

要保证高校心理健康教育的教学质量，就要向课堂要效率，进一步增强课堂教学的吸引力和教学实效。为此，高校的教研室应不断完善课堂教学管理制度、辅导答疑制度等，设立约束性听课制度，对教师的课堂情况进行评价，加强课堂监督。

2. 健全课程质量评价制度

为提升高校心理健康教育课堂质量，高校相关部门应该定期组织教学督导和学校心理健康教育领导小组成员进入课堂听课。除此之外，还可以组织学生代表和辅导员进行听课和评课。每位教师每学期应深入同行课堂听课，并定期进行听课总结汇报，让教师在互听互评中共同取得进步。

（三）课后教学质量管理

所谓课后教学质量管理，就是指在课程结束之后的质量管理工作，其具体包括学生完成的作业数量与质量、考核结果统计分析、教学效果评价、教学总结等方面的内容。开展课后教学质量的评价、总结与反馈是学校不断提高教学质量的一个重要环节，也是教学质量管理的一个重要环节。总的来说，大学生心理健康教育的课后课程教学质量管理尤其要加强以下两个方面的质量管理：

1. 建立多元化教学考核制度

在当前阶段下，我国各大高校中心理学必修课是素质教育课程的一个组成部分。对高校心理健康教育课程的教学效果的评价主要是看学生心理素质的发展状况及相应行为是否有所改进和提升。具体来说，应该从以下四个方面进行考查：

第一，考查学生是否获得了相应的基础知识和有关信息，其思考问题的方式是否得到改进，是否了解到自己某方面心理素质发展的现状。

第二，考查学生在心理健康教育的过程中是否有情感投入，是否获得了有益的情感体验。

第三，考查学生是否有决心完成某种有意义行为的“行动意向”。

第四，考查学生是否通过课程的学习掌握了有用的心理调适技能。

2. 完善教学反思制度

为了提高高校心理健康教育的质量，高校教研室必须完善教学反思制度，以此促进高校教师的心理教育专业发展，提升学校教育教学质量。具体可以通过开展一系列相关的活动来促进教师进行反思，建立完整的反思评价体系。在这个过程中，教研室可以对教师的反思成果给予一定程度的奖励，鼓励教师们在反思中不断提高自己。

客观来说，大学生心理健康必修课有助于大学生更好地了解心理学知识，但如果只是开设一门必修课，还不能满足学生心理素质发展的实际需求。因此，各大高校在开设心理健康教育必修课的基础上，还要考虑开设一些心理素质教育系列选修课来辅佐。心理健康教育选修课的课程内容必须从大学生的生活实际出发，在具备理论性的同时兼顾针对性、趣味性。例如，可以开设团体心理辅导、心理咨询的理论与实践以及社会心理学等课程；可以根据学生的兴趣开设相关兴趣课程，如心理影视赏析、消费心理学等课程；可以根据大学生实际生活中经常遇到的心理问题，有针对性地开展诸如人际交往心理学、大学生恋爱心理、生涯规划等课程。

第二节　高校心理健康教育活动

在当代社会中，社会各方面都有了较大幅度的发展，在这种时代背景下，由于人们越来越重视高校校园文化，因而高校心理健康教育活动也对大学生产生着不可忽视的心理健康教育作用。与课堂教学相比，高校心理健康教育活动有着其独特的优势，如其本身具有的实践性、教育性、竞赛性、协同性、交往性等特点，这些都有助于对大学生的参与意识、竞争意识、协作精神等方面的培养，对课堂上不能真切讲到的内容是一个实践性的弥补，有利于大学生个性的发展。

一、高校心理健康教育活动概述

从根本上来说，开展高校心理健康教育活动的目的是锻炼大学生的心理品质，进而提高和培养他们的心理素质。总而言之，高校心理健康教育活动必须要根据大学生心理发展的规律和特点，有目的、有计划、有组织地开展。

通常情况下，各大高校在心理健康教育活动中所安排的内容都是针对大学生常见的心理问题而设计的。通过多种形式的高校心理健康教育活动，可以很好地弥补课堂教学的不足，打破课堂教学在时间、空间、形式上的局限性。

（一）高校心理健康教育活动的特点

1. 重视学生的主体性

高校心理健康教育活动属于一种将学习的选择权或主动权交予学生的学习活动。在高校心理健康教育活动中，要充分发挥大学生的主体性，将其看作是积极主动的健康心理的建构者。我国长期实行应试教育政策，这在很大程度上限制了大学生的自我思考以及学生创新能力的发展。

在高校心理健康教育活动中，如果无视大学生的主体性，就完全丧失了高校心理健康教育的根本所在，只有充分发挥学生的主体能动性，才能使其心理得到更好的成长。从师生关系上来讲，高校心理健康教育活动是高校师生双方在民主、理解、尊重的心理环境中实施的，它要求教师给予所有学生无条件的尊重、关注、理解和信任。如果活动缺少了学生的自主性就很难开展，至少很难激发他们在活动中的学习动机。只有教师的讲授和心理学知识灌输，再好的心理健康理念也无法被学生接受和运用。

2. 重视学生的自我探索

高校心理健康教育活动的一个目标是让学生在活动中自我探索，使其更好地认识自我、调节自我和完善自我，进而调整好自己面对问题的心态，更好地解决自己在学习或生活中遇到的一系列问题。客观来说，这种自我探索不是简单地通过教师的讲授和灌输式的教育就可以实现的，而是要更多地依靠学生通过一定知识的学习、自我感悟和思考出来的，让学生在发现自己的问题、找到解决问题的办法的过程中实现的。这就是说，当代大学生只有经过自我探索，才会获得经验，才会得到真正意义上的成长。

3. 重视学生的自助与互助

长期以来，为了控制人口，我国实行了计划生育政策。因此，我国现代家庭中的孩子大多数为独生子女。客观来说，在心理健康教育活动中，每个大学生作为集体中的一员，其既是帮助的接收方，也是帮助的赠予方，大学生之间的这种互助可以增进学生彼此对自信自尊的体验，从而达到自助、互助的目标。教师作为团队的指导者，应该促进班级中良好的集体氛围、和谐的人际关系、民主的自由气氛的建立。

4. 重视学生的体验和感悟

高校心理健康教育活动是一种自我教育活动，它没有说教和灌输等显性教育的痕迹，可以通过学生自己的体验和感悟，潜移默化地影响他们的成长。在高校心理健康教育中，以学生个体的心理体验为载体是心理健康教育活动最重要的特点。具体来说，学生个体的心理体验包括学生的情感体验、价值体验和行动体验等方面的内容，这些自我体验可以通过在活动中创设一定的情境、营造一定的氛围来实现。

（二）高校心理健康教育活动的类型

总的来说，高校心理健康教育活动主要有三种类型，即心理体验型、知识普及型和氛围营造型等三个方面。

1. 心理体验型活动

在高校心理健康教育活动中，心理体验型活动主要是利用学校举办的心理沙龙、主题班会、心理剧表演、心理拓展训练等形式，帮助学生将课堂中学到的理论知识、间接经验与自我体验、直接经验相结合，转化为实用的、真实的知识，从而提高心理健康教育的有效性。

2. 知识普及型活动

在高校心理健康教育活动中，知识普及型活动主要是利用学校媒体如报纸、板报、广播、校园电视台、网络、微博、QQ 等大力宣传心理保健知识以及心理健康的重要性，提高学生的心理健康意识。

3. 氛围营造型活动

在高校心理健康教育活动中，氛围营造型活动主要是利用学院或班级组织开展丰富多彩、形式多样的高校心理健康教育活动，如：“5・25——大学生心理健康日”“世界精神卫生日”等节日，形成健康向上的心理文化氛围，使学生在潜移默化中接受心理健康教育。

二、高校心理健康教育活动的设计与实施

高校心理健康教育活动作为心理健康教育课程教学的补充、扩大和延伸，我们必须对其予以高度重视，并且要针对该活动进行专门的设计。

（一）高校心理健康教育活动的设计步骤

在高校心理健康教育活动的设计过程中，规范的设计步骤有利于对理论基础和对实施流程的清晰考查。通常的心理健康教育活动的设计要重点考虑以下几个步骤：

1. 确定活动主题

对于高校心理健康教育来说，活动主题对于整个活动都是至关重要的。通常情况下，活动主题的选择要结合学生心理发展实际，具有可操作性。具体来说，主要有以下三种选择方式：

其一，根据心理健康教育的主要内容进行选择。

其二，根据不同学生心理发展阶段所需的知识确定。

其三，开展调查，根据学生的心理需求获得。

2. 阐释活动理念

精神分析学派认为，应该通过深入的心理分析来解除学生心理压抑的情结，让学生的心灵获得成长。客观来说，实现高校心理健康教育活动的目标并不是活动本身，而是活动中或活动背后所要真正揭示的教育理念。

对于持有不同的心理发展理念的教育者来说，其所采取的教育活动方式就会不同，有人侧重环境氛围的营造，有人侧重自我表露和情感分享。由此可见，在这一阶段，重要的是形成一种理念，在教育现实和教育目标之间建立有效的联系，从而在这种教育理念之下去设计和组织活动，使高校心理健康教育活动最终为某种科学的教育理念而服务。

3. 确立活动目标

这里所说的要确立的活动目标，就是指活动想要达成的结果，只有目标清晰，才能在制订各个计划时以此为重心付诸实施。具体化的较强的实践性是活动目标设计的基本要素。

在高校心理健康教育活动的设计中，设计者必须对其总目标进行具体化，引导学生认识自己的学习潜能，培养学生浓厚的学习兴趣，使其建立正确的学习观念与态度。同时，也要注意引导学生发展自身的学习能力，使其养成良好的学习习惯与有效的学习方法，逐

渐培养一种适应与改善学习环境的能力。

4. 确定活动内容

对于高校心理健康教育活动来说，其活动目标需通过一系列的活动内容来体现。所谓活动内容，就是指活动项目的集合，它们表现为一个个具体的活动单元，关系到活动目标的实现程度。例如，根据“学习心理”主题教育活动的总目标，可以将高校心理健康教育活动的内容定为：良好学习习惯和方法的培养，掌握记忆技巧，创新能力的培养，克服考试焦虑，等等。

客观来说，当代高校心理健康教育活动的基本任务包括以下几个方面：其一，培养学生的学习兴趣和良好的学习态度，激发其学习动机；其二，使学生掌握有效的学习策略，发展创造力；其三，提高学生的学习技能；其四，使学生正确对待学业成功与失败，树立自信心；其五，培养学生良好的学习习惯，帮助其解决与学习有关的各方面的问题。

5. 设计活动项目

高校心理健康教育活动设计过程中，在明确活动目标、活动内容之后，接下来就要设计具体的活动项目。客观来说，高校心理健康教育活动项目的设计是针对某一具体的活动内容制订的实施计划，其具体内容为活动项目与总的活动内容相对应，分析每个具体活动项目所涉及的理论，制定每个项目的活动目标，设计每个项目活动内容并确定相应的活动方式。

6. 评价活动效果

进行活动效果测评，可以为高校心理健康教育活动提供相应的反馈，准确评价活动的效果，有助于改进以后的工作。当活动的效果评价作为活动设计的一部分被充分考虑时，它本身也就成为活动目标的一个组成部分，为集体和个人提供了压力，让成员对活动有更多的投入。这种评价是一种形成性评价，它不是对成员表现的评价，而是对群体收获和活动效果本身的评价，因而不会像传统考试那样对学生个体造成压力。

客观来说，在高校心理健康教育活动设计的初期阶段，设计者就应该考虑到其所设计的活动最终可以达到什么样的教育效果。设计者要善于把这种预期的最终教育效果与所有参与活动的学生分享，使其成为大家共同为之努力的意愿。除此之外，设计者还要为评价活动效果准备一套配套的测评方式，使其具有可操作性。

（二）高校心理健康教育活动的设计原则

高校心理健康教育活动的基本指导原则就是要在大学生心理特点和年龄特征的基础上

设计。这个基本的指导原则就是高校心理健康教育活动设计与开展的出发点与落脚点，也是每个活动组织者必须遵循和重视的原则。除此以外，高校心理健康教育活动的设计还应当遵循以下几个原则：

1. 启发性

高校大学生是一群朝气蓬勃的年轻人，因而高校心理健康教育活动需要具备一定的乐趣性，且氛围普遍较为轻松，这样才能吸引大学生参与心理健康教育活动的积极性与主动性。但是，高校心理健康教育活动不等于单纯的娱乐休闲课程，在实际操作中必须要把握好乐趣因素的尺度。这就要求高校心理健康教育活动的设计具有一定的启发性，将心理健康知识与活动紧密结合，从而使大学生通过参加活动，在活动进行中深入地思考。

客观来说，高校心理健康教育活动的启发性不只限于对活动主题的思考，还可以扩大到对生活中类似问题的思考。好的高校心理健康教育活动可以让学生的智慧有所生长，通过活动获得某种心灵的突然顿悟，或者找到一些解决心理困扰的灵感。由此可见，遵循启发性原则是高校心理健康教育活动保持长效的一个重要因素。

2. 逻辑性

在高校心理健康教育活动设计中，各环节之间要有一定的层次性和逻辑性，由浅入深，层层递进，使各环节之间紧密相连。不管是形式还是内容，都应该如此，这样学生才能更好地理解主题。高校心理健康教育活动设计的逻辑性原则符合大学生认知的特点与规律，可以使他们对整个主题活动有宏观的把握。

3. 互动性

互动性是高校心理健康教育活动的一个突出特征。在高校心理健康教育活动中，要发挥积极的双向互动的团体动力效应，通过讨论、分享等方式促进师生互动、生生互动、学生与环境互动，让学生在互动中获得心理体验和认知，进而影响其行为。

在高校心理健康教育活动的设计中，应当以学生亲身参与的活动为主要内容。通过一系列活动使学生更好地在各种模拟情境中去体验和训练，以便其提高心理素质和心理健康水平，促进个性发展。

（三）高校心理健康教育活动的实施要领

开展高校心理健康教育活动必须要重视以下几个方面：

1. 重视学生的感受

高校心理健康教育活动可以说是大学生的认知结构、情感体验、行为方式等方面在心理健康教育活动组织者的干预下进行调整、重组、统合的过程。从本质上来说，之所以开展高校心理健康教育活动，其根本目的是要促使广大大学生在团体的帮助下，尽可能深入地审视自己的内心，反思自我的成长，思考自我与外界的关系，以推动其自身更好地成长。

2. 重视学生真实想法的表达

对于社会中的人来说，说真话难免会给他人带来不适感，因而人们往往可能会隐藏自己真实的想法。但是，对于成长中的大学生来说，鼓励他们真实想法的表达，可强化学生自我向善的意向与努力。

高校心理健康教育活动组织者的基本任务是营造良好的气氛，一种对活动参与者接纳与信任的气氛。这样可以使学生们不必过度地隐藏自己，能自由自在地表达自己，促使活动参与者的改变和成长。由此可见，在高校心理健康教育活动过程中，组织者要尽量鼓励学生表达其真实想法。

3. 重视对学生的指导

在高校心理健康教育活动中，时刻需要心理老师的精心指导，以便达到预期活动目标。具体来说，心理教师的指导作用体现在以下几个方面：

第一，设计活动的目标，拟定活动的主题，选择恰当的活动形式和方法，设计活动方案，控制活动进程，评价活动结果。

第二，注意观察学生的行为表现，发现问题，实施个别辅导。

第三，在活动过程中要积极营造团体活动的氛围、控制活动时间、把握主题方向，要以欣赏的态度去听学生的讨论，看学生的表演，并给以鼓励和引导。

除此之外，我们也应该考虑到，高校心理健康教育活动终究是一种“非指导性”的活动，因而教师不能对学生做强制的说理，即使是暗示、忠告、说服等手段也只能在必须进行指导的时候使用，要尽可能地用较为隐晦的方式表达，以便培养学生自我思考的习惯。

4. 重视学生的自我升华

在大学生的成长过程中，领悟是其克服心理不适应、促进自身发展的关键。从某种角度来说，即使学生的自我升华还比较幼稚，教师也不可越俎代庖。心理健康教育活动的结束部分，应该是学生借助自己的内省、同学的反馈和心理教师的建议等整理和重建自己认知体系的重要环节，因而应该让学生通过主动参与来完成。

5. 重视活动中的应变

高校心理健康教育活动的参与者以青年大学生为主，这个年龄段的人群具有活跃的思维和较强的创造力。在这种情况下，活动现场的社会心态必然是千变万化的，活动的实施过程充满了变数，其发展和推进往往是高度动态的。因此，组织教师必须灵活把握活动的发展势头，切记不可呆板地、一成不变地按照原定计划行事。

在高校心理健康教育活动中，随着师生双边多向和多种形式的交互作用，学生的潜力随时随地都有可能被激发出来，整个活动过程充满智慧的挑战、充满童稚与青春的生命活力，每个学生都会真切地感受到自己生命的意义和价值。由此可见，活动中的组织教师必须做到随机应变，因势利导，切不可死守原订的活动设计方案。

6. 重视活动氛围

高校心理健康教育活动应当是建立在活动参与者之间相互信任、相互了解、相互接纳的良好氛围中的一种互动的人际交往过程。客观来说，活动的有效性主要依赖于通过组织者的行为所建立起来的团体社会氛围，这样的氛围可以引发学生积极的回应，进而促进学生认知和行为方面的变化。

综上所述，我们可以看出，在心理健康教育过程中，营造坦诚、信任的团体氛围，消除学生对自由沟通和交流的防卫心理，是组织者最重要的责任、任务，也是高超组织能力的体现和心理健康教育活动最基本的环节。

7. 重视预期目标的达成

在高校心理健康教育活动中，必须要把握好教育理念和教育目标这一核心内容。高校心理健康教育活动不能片面追求“轻松”“愉快”和“活泼”，更应该注重引导大学生去直面生活，有鲜明的针对性，要有深度、内涵和哲理。一些大学生团体心理健康教育活动可以为高校心理健康教育活动增添不少生机和便利，但是，这些活动必须服从于教育目标的需要，不要只是为了变换一下形式。如果不考虑场地、环境、主题的针对性等客观因素，不加分析地引入高校心理健康教育活动，则是极为不妥的。

三、高校心理健康教育活动的组织形式

心理健康教育的内容涉及多个方面，因而高校心理健康教育活动的组织形式也较为丰富，一般经常用到的组织形式主要有心理健康主题班会、校园心理拓展训练以及校园心理沙龙等。在这里主要对这三种高校心理健康教育活动的组织形式进行详细的介绍。

（一）心理健康主题班会

班会是指各级学校由教师或学生自发组织的班级会议。在班会上，学生对于班级的管

理等问题畅所欲言。心理健康主题班会是教师向大学生进行心理健康教育的一种有效形式和重要阵地。具体来说，大学生心理健康主题班会的组织与实施过程中应当注意做好以下几个方面：

1. 设计大学生所关注的主题

在高校心理健康主题班会召开之前，首先要考虑到的就是要以大学生的心理动态及现实需求为出发点，有针对性地确立和策划班会的主题与内容。心理健康主题班会是一项实践性的活动，所以在设计主题时，可以根据大学生的成长需要、不同时期的心理发展特点，设计一系列相关主题。除此之外，还可以根据一些节日、热点来选择适宜的题目，帮助学生克服心理困惑，促进学生成长发展。

为了保证心理健康主题班会的针对性，组织班会的教师在事前务必进行系统的调查研究，掌握班级的基本情况，清楚大学生近期关注的热点是什么，了解大学生普遍对什么感兴趣，知道大学生的动机、需要、情感等心理特征。

2. 根据大学生的特点选择组织形式并实施

在高校心理健康主题班会召开之前，必须在组织者指导下，由班委进行认真准备，筛选符合主题与班内学生心理特点的模式及活动形式。在高校心理健康主题班会的设计中，必须要根据大学生的年龄和心理特点，选择适当的组织形式，并加以实施。通常情况下，在确定主题后，班会内容的安排、组织、筹备等工作都应该发动班级的所有同学开动脑筋去完成。在这个组织的过程中，要注意留给大学生足够的参与时间与空间，力争每一位学生都能够参与到班会活动中来。

除此之外，还要充分考虑到大学生的生活兴趣和心理特点，采取新颖的方式、灵活多样的形式，同时要因人、因时而异，吸引更多的学生融入主题班会活动的氛围当中来。

3. 合理利用心理辅导技术

在高校心理健康主题班会的实施过程中，教师必须注意做好以下两个方面的工作：

一方面，教师应该合理利用心理辅导的技术，增强大学生的参与意识，扩大心理健康主题班会的参与广度和深度。这就要求教师积极主动地运用各种心理辅导的技术，打破传统主题班会以教师为中心的固有模式，重新构建以学生为中心、以学生自主活动为基础的教育辅导过程。

另一方面，教师还要注意营造平等、尊重、和谐的班会氛围，引导大学生自主地思考和解决问题。客观来说，心理健康教育主题班会应该让每一位同学都成为活动的参与者，学生只有投入了自己的精力和情感，才能更好地融于其中，达到自我教育的目的。唯有如此，心理健康主题班会才能达到增强班级团体凝聚力、增强主题班会活动的参与意识、扩大参与广度的目的。

（二）校园心理拓展训练

这里所说的校园心理拓展训练，是拓展训练与学校心理教育教学相结合的产物，是一种在团体情境中提供心理学帮助与指导的重要方式。它是通过团体内的人际交互影响，帮助个体在交往中通过观察、学习、体验等方式来认识自我，同时改善人际关系、形成新的生活态度和行为方式，以发展积极有效的生活适应能力的过程。

1. 校园心理拓展训练的内容

一般而言，校园心理拓展训练根据参训者面临的心理问题设定各种训练项目，以便较为有针对性地帮助参与者达到相互沟通、面对问题、解决问题的目的。其主要包括目标设定、幽默愉快、挑战压力、确立信赖关系、高峰体验、解决问题这六个方面的内容。

（1）目标设定

要发挥团队作用，首先要设定一个具体的目标，这样可以使全体参训者共同分担团队的责任，潜移默化地进行从身体安全到心理安全的转化。

（2）幽默愉快

幽默愉快的团队氛围，可以使参训者在训练中产生愉悦感，从而达到心理压力的释放或排解。

（3）挑战压力

挑战压力是有效释放心理压力的一种方法，它通过慎重地设定许多看起来危险、使参训者感觉到压力的活动，让参训者通过克服困难去真正地释放心理压力。

（4）确立信赖关系

信赖关系是校园心理拓展训练展开的坚实基础。只有相互信赖，才有可能使所有学生积极参加各种活动，并在出现各种状况的情况下信任同伴，真实感受到当时在场的人的存在，通过各种具体的活动建立加深与同伴之间的信赖关系。

（5）高峰体验

高峰体验是在某种技能学习或进行某项活动的努力过程中所获得的最高的体验。

（6）解决问题

校园心理拓展训练的最终目的就是要解决问题，即通过团队的形式与同伴一起解决问题的训练，使学生学习到解决问题的技能，体验到成功的喜悦，增强自信心，提高适应社会生活的能力。

2. 校园心理拓展训练应遵循的原则

（1）结合学校实际

一所高校能否开展校园心理拓展训练活动，一定要基于校情，结合实际情况。在开展校园心理拓展训练活动时，要尽可能结合学校的传统和办学特色，这样才会有生命力和实效性。事实上，心理拓展训练进入我国高校校园的时间还比较短，因而有很多相关内容尚待探索和验证。

（2）确保活动安全

校园心理拓展训练的内容很多，有的需要特殊的场地，有的需要专门的器材。因此，组织教师要从实际出发，对于选择的器材、设备、场地，在开展活动前都要进行检查和测试，以便在活动使用过程中确保学生的安全。

（3）合理整合资源

开展校园心理拓展训练有着场地、器材等方面的条件要求，这些都需要一定的资金筹备。在开展校园心理拓展训练时，可以考虑将现有、易备的资源加以合理的整合利用，这样同样可以达到训练的效果，而且可以有效地节省学校的资源。

（三）校园心理沙龙

校园心理沙龙是一种形式自由活泼、参与性强的主题讨论会，它是利用小组会谈的形式，组织者根据大学生心理发展的热点问题来选定主题后，通过宣传招募的方式邀请有兴趣的大学生参与，是心理老师和大学生都比较喜欢的一种高校心理健康教育活动形式。

1. 校园心理沙龙活动的特点

（1）情感投入的真实性

校园心理沙龙的交流不同于日常生活中的聊天，在沙龙开展的过程中，参与者保持着生活上的空间距离，但其心灵相近，有一些不愿对别人讲的话可以在此一吐为快。从本质上来说，交流是一种对思维的整理过程，通过交流引起他人的反馈，反过来促进自己的积极思考。

（2）交流沟通的平等性

一般情况下，人们在交流的过程中有着相对固定的立场，因而在交流时难免会为证明自己所持的观点而与他人争论，努力说服他人支持自己的观点。这样做或许可以使人们暂时达成一致，但是很难产生其他的积极后果。但是，在校园心理沙龙活动中，每个人在沟通时都能有足够的耐心去倾听他人的谈话，并站在他人的角度理解其立场的意义，如果理由充分，他们就非常乐意改变对问题的看法。

2. 校园心理沙龙活动的实施及注意事项

要保证校园心理沙龙活动的顺利开展，就要做好活动前、活动中和活动后三个阶段的各项工作，其具体内容如下：

（1）活动前的准备工作

校园心理沙龙活动前的准备工作又可以细分为以下三个步骤：

首先，要确定主题。校园心理沙龙活动举办之前，相关组织者要召开会议就活动选题进行讨论。选题应注意要尽量具体、可行，尽量避免一些不利于活动深入探讨的选题。

其次，要准备主题。确定主题之后，校园心理沙龙的组织者需要做好充分准备，并形成主题活动的提纲。除此之外，还应该考虑到活动中参与者可能出现的探讨方向以及主持人如何进行引导等问题。

最后，还要研究交流技术。校园心理沙龙活动中，交流讨论能否深入除了受主持人与参与者熟悉和信任程度的影响外，参与者全身心投入、自我表露较深，这些都很重要，组织者必须考虑到。

（2）活动中的主题体现

在校园心理沙龙活动开始后，肯定会出现很多组织者在活动策划时没有预想到的情况。因此，组织者必须对现场进行灵活的把握和掌控，否则，活动的参与者就会有一种思维被束缚的感觉，从而影响活动质量。

在校园心理沙龙活动开展过程中，相关人员必须要做好活动记录工作。心理沙龙活动的组织者要安排一名记录员，以随时记录活动开展的情况、参与者的言语和非言语等各种信息。之所以记录这些，主要是为了活动结束之后主持人和记录员对本次活动的得失进行总结，分析存在的问题，思考解决的办法，以便为下次活动提供经验。

需要注意的是，在校园心理沙龙活动中，恰当地安排一些游戏活动、情境表演等体验内容，也可能会产生意想不到的积极作用。

（3）活动后的认真总结

在校园心理沙龙活动结束后，必须要及时进行总结。一方面，总结有助于比较预期的目标和实际得到的效果；另一方面，要趁着刚刚结束活动，印象较深，来总结本次活动的优点、不足之处，以便日后的改进。在一些情况下，沙龙活动组织者内部也会对一些问题产生不同看法，这时候可以让大家先保留各自看法，让实践去评判。

第六章　高校学生心理健康教育课程的探索与实践

第一节　大学生心理健康教育的心理需求特点

一、心理健康教育课程的现状

（一）课程地位得到提高和重视

针对大学生心理健康教育课程，目前我国大部分高校已经进行了相关建设。在一年级学生中开设大学生心理健康教育必修课或必选课，安排的教学课时分别为 16、24、32 学时，教学学分也各为 1、2、3 学分，保证了学生在校期间能普遍接受心理健康课程教育；有的高校还结合本学校实际情况开设了心理健康教育相关选修课程，建立了适应本校的大学生心理健康教育不同层面需求的课程体系，这些都表明心理健康教育课程在高校已得到重视。

（二）教学内容比较全面

各高校心理健康教育课程的教学内容虽然不尽相同，但基本上都涵盖了大学生个性心理特征、自我认识、学习、生活、人际交往、恋爱、压力与挫折应对、就业择业等各方面的内容，有的高校还涉及了一些成功学、积极心理学、社会心理学、朋辈辅导互助、情商教育等在教材的使用方面，也都注重高质量教材的引入，进一步保证了心理健康教育课程教学内容的广泛。

（三）整体师资队伍质量不断提升

大部分高校的心理健康教育师资队伍基本上以专职教师为主，校内外兼职教师为辅，很多学校也吸收了拥有二级心理咨询师资格的辅导员协助参与，在数量上基本满足了学生心理健康教育教学的需要。此外，因为各高校在师资队伍专业知识的学习与培训方面都较为重视，使得师资队伍的整体专业素质与水平也在不断提升。

二、大学生对心理健康教育课程的心理需求特点

大学生处于青年中期，具有自我概念的增强与认知能力发展的不协调、情感越来越丰富和深刻、智力发展达到高峰、社会需求迫切等心理特点，同时大学生也拥有强烈的求知欲望、参与意识以及批判精神，对课堂教学在认识上容易出现多元化倾向。

（一）对心理健康教育课程必要性的认识

大学生对开设心理健康教育课程是否必要的认识可以反映出该课程对大学生健康成长的重要性，因此，在调查表中我们设置了此类项目。大部分大学生已经非常重视心理健康教育，他们需要开设心理健康教育课程来对其在进行自我认识、提高心理素质和社会适应能力、丰富心理学方面的知识等方面予以积极的引导。

（二）对心理健康教育课程教学内容的需求

大学阶段是学生即将步入社会的过渡时期，必然存在从学校迈向社会的诸多困惑。如何了解自我，如何应对压力和管理自己的消极情绪，如何解决情感的问题，怎样防范心理疾病的发生等问题都是他们的心理需求。同时，他们在人格完善、人际交往、学习压力等方面也比较感兴趣，希望通过相关知识的学习，来提高解决问题的能力，并以健康向上的心态实现全面发展。

（三）对心理健康教育课程教学情境的需求

大学生比较喜欢影视赏析、人文感化以及案例分析这样感悟、和谐和探索的教学情境，对辩论情境、榜样示范等教学情境则不太喜欢。

（四）对心理健康教育课程教学方式的需求

大学生对心理健康教育课程教学方式的要求不同于其他学科课程，最不喜欢照本宣科、抽象理论、说教的教学方式，而喜欢在教学过程中加入播放影视资料、心理训练和游戏以及心理测试等环节，这样才能使得学习的趣味性和可操作性增强。

（五）心理健康教育课程的教学效果

虽然大部分高校对心理健康教育课程越来越重视，教学内容也基本符合学生心理需

求，整体授课教师队伍质量正在逐步提升，但是由于还有很多高校在课程的设置安排、教师的教学方式、创设的教学情境以及教师对课堂的掌控能力上存在欠缺，导致课程对学生的吸引力还有不足，而学生的学习效果和课程的整体实施效果还需要进一步提高。这也说明心理健康教育课程需要在整体上进行更合理的教学安排，授课教师需要在教学方法上更重视学生的主动参与、情感体验和心灵感悟，应采用灵活多样的教学方式，创设出更吸引学生的教学情境，并增强对课堂的监控能力，这样才能进一步提高教学实效。

第二节　大学生心理健康教育课程体系的构建

目前，我国大部分高校都开设了“大学生心理健康教育”这门必修或者选修课程，这门课程已经成为对大学生进行心理健康教育的主体和核心，但是，如果只有这门单一课程，而缺乏相应的后续课程衔接，是难以实现全面提高大学生健康心理素质这一教学目的的。因此，建构一个内容完整、结构合理，既有理论水平又符合学生实际，既体现学科性又突出应用性，既有理论讲授又有课堂活动，既有普适性又有特色性的课程体系是十分必要的。

一、构建大学生心理健康教育课程体系的原则

（一）心理素质培养原则

心理健康教育是素质教育的重要组成部分。心理健康教育的关键在于提高学生的心理素质。著名心理学家林崇德教授曾指出，心理健康教育的关键在于提高学生的心理健康与心理素质。心理健康教育课程体系的构建应该以培养大学生良好的心理素质为目标。

（二）发展性原则

判断心理健康有两个指标，一个是适应性指标，另一个是发展性指标。心理健康教育课程体系的构建应该服务于促进大学生的健康成长与发展，即应着眼于从学生心理的健全与心智发展的角度和培养学生积极心理的角度，来进行课程体系内容的设计，使学生通过学习能够清楚地了解心理健康的内涵特征，并能够对自身的心理进行调节，从而克服不良心理，化解不良情绪，促进身心健康。

（三）科学性原则

心理健康教育不是进行系统的心理科学的知识传授，但要求所涉及的心理学知识一定

是科学的、体现前沿发展的，而且还要有学科理论支撑的。

（四）针对性原则

要根据大学生的心理特点，有针对性地讲授心理健康知识，开展辅导或咨询活动，帮助大学生树立心理健康意识，优化心理品质，增强心理调适能力和社会生活的适应能力，预防和缓解心理问题，帮助他们处理好环境适应、学习成才、人际交往等方面的困惑，提高健康水平，促进德智体美劳等方面全面发展。

（五）实效性原则

实效性与针对性是密不可分的。心理健康教育应从强调实际效果出发，根据大学生活不同阶段以及各层次、各学科门类学生和特殊群体学生的心理特点，有针对性地实施心理健康教育，让学生真正学有所用、学而能用。

二、大学生心理健康教育课程体系结构

构建高校心理健康教育课程体系，可以充分发挥课堂教学在大学生心理健康教育中的重要作用，充分考虑学生的身心发展、实际需要和社会要求，根据大学生不同层次、不同阶段、不同学科门类和特殊群体学生的心理特点，有针对性地分层次、分类别实施心理健康教育，促进身心健康全面发展。具体说来，该课程体系应该包括以下内容：

（一）以必修课为基础的普及教育

根据学生身心发展需要，将“大学生心理健康教育”作为有规定学分的心理健康教育必修课程，其主要任务就是给予所有学生最基本的心理健康的理论知识和心理调适的基本技能，使学生建立起科学的心理健康观和自我心理保健意识，获得心理健康的基本理论知识和心理调适的基本方法与技巧，促进学生完善自我，健全人格，全面提高心理素质。

该课程要有明确的教学大纲、教学规模和教育目的，并按学生所在的年级、专业进行组织授课。一方面，要注重从学生的实际情况和需要出发选择课程内容，加强课程教学的针对性，提高教学的实效性；另一方面，要注重课程结构的完整性、系统性，让学生获得较系统的心理健康知识，同时注重引入最新心理学理论，引导学生建立科学的心理健康观，提高学生自我的心理认知水平和心理调控能力。

（二）以选修课为辅助的系列教育

在心理健康教育必修课学习的基础上，开设以相应学分选修课为辅助的系列教育。这

是大学生心理健康教育必修课程的必要补充，是为有进一步深化学习的需要或对相关心理学有兴趣的学生开设的，主要是提高学生某一学科方向的心理知识和修养。学生可根据个人的兴趣、需要和心理特点自由选修，如："普通心理学""人格心理学""学习心理学""管理心理学""创造心理学""青年心理学""爱情心理学""人际交往心理与技巧""成功心理训练""团体心理辅导""心理咨询与治疗"等。这些课程延伸了心理健康教育课程，能使心理健康教育进入一个更深的层次。

（三）以报告讲座为形式的热点课程

可设置有一定学分的报告讲座和学术活动作为大学生心理健康课程教育热点课程，这是心理健康教育课程的广义拓展，比上述课程更直接切入学生的现实心理，关注的是学生普遍存在或某一阶段出现的心理问题。比如，邀请专家和知名人士开设心理健康教育系列，包括：出现心理危机事件时，围绕学生应激心理而进行的"危机干预"系列专题讲座；针对大学新生对环境和学习的不适应而做的"融入大学生活"系列专题讲座；针对大学生自我伤害事件频发而做的"珍惜生命"系列专题讲座等。这些都是针对学生最关心、最困惑的心理问题而进行的心理辅导，对帮助大学生解除心理困惑、适应大学生活、促进自我身心健康成长有积极意义。

（四）以活动化课程为补充的实践训练

开展以活动化课程为补充的训练，是课堂教育的补充、扩大和延伸。可根据学生实际需要，依据训练时间的长短来确定学分。活动化课程一般在学生修完某一门心理基础课程之后进行，可面向不同年级的学生群体或具有相同心理特点的学生群体开展。通过针对性强、丰富多彩、灵活多样的实践形式，激发学生的学习兴趣，传授心理调适方法，帮助大学生积极探索、自我发现、消除心理困惑，增强克服困难、承受挫折的能力。活动化课程主要是指心理游戏、团体心理训练活动与素质拓展训练等。

（五）以网络平台为互动的网上教学

在构建大学生心理健康教育课程体系过程中，应充分利用丰富的教育资源，积极运用互联网这一现代信息技术，创新教学方法，拓展教育空间，扎实推进心理健康教育的网络平台建设，积极组织开展各种形式的网上教学、讨论等。教师可在网上分析大学生常见的心理问题，组织网上专题讨论，开设微课、慕课，网上答疑等，将课堂教育与自我教育在相对宽松的网络世界中自然结合起来。

当然，要形成一套比较完善的大学生心理健康教育课程体系，使大学生心理健康教育工作逐步走上科学化、规范化、专业化的发展道路，关键是要做到思想认识到位，组织保障到位，师资力量到位，工作效果到位。这就要求高校不断完善教育保障机制，建立高素质的教师工作队伍，采取多种途径落实教育内容，而且所构建的课程体系要具有可操作性，教师在教学过程中还要不断创新教学方式和方法。只有这样，才能形成课内与课外、教育与指导、课堂与活动紧密结合的心理健康教育课程体系，实现教育目标，优化学生心理素质，促进学生全面协调发展，使大学生心理健康教育工作切实落到实处。

第三节　大学生心理健康教育教学情境的优化

一、教学情境创设的理论依据

教学情境是指在教学过程中为了达到既定的教学目标，从教学需要出发引入或创设与教学内容相适应的教学环境气氛和特定的教学情景，使学生在情绪上受到感染，情感上产生共鸣，从而达到加深理解课堂教学要求，熟练掌握教学内容的目的。

情境创设具有建构主义学习理论基础。从瑞士心理学家皮亚杰最早提出建构主义思想开始，建构主义课程理论发展至今已是流派纷呈，但在所有的流派中，“情境”都是一个重要的核心概念，可以说“情境”已经成为建构主义理论的核心词汇。在建构主义的学习理论中，知识并不是教师传授的，教学的主体是学习者，教学是学习者在一定的情境包括知识、文化甚至社会背景下，通过借助他人，可以是专家、教师、同学甚至是陌生人的帮助，利用必要的学习资料完成意义的建构而获得的。

也就是说，在教学中，学习并不是通过“教”来达成的，“学”的过程才是核心。“情境”是建构主义学习环境的四大要素之一。建构主义理论认为学习是一个主动的加工过程，这一过程总是与其所处的社会文化背景也就是一定的“情境”联系起来的。在具体、特定的情境下进行学习，学习者就能利用自己原有认知结构中的相关经验，去对当前学习到的新知识进行处理，通过同化和顺应的方式赋予其认知意义，从而达成新知识的意义建构。建构主义学习理论强调：学习者并非知识的灌输对象，不是外部刺激的被动接受者，而是信息加工的主体，是知识经验的主动建构者。知识不是“教”的，而是学习者通过意义建构的方式“学”的。学习过程并不是简单的信息输入、存储和提取，而是新旧经验之间双向的相互作用过程。

同时，情境创设也具有情境认知与学习理论基础。情境认知与学习理论产生于20世纪80年代，它是继行为主义背景下的“刺激—反应”学习理论及认知心理学背景下的

“信息加工”学习理论之后对学习理论研究的又一个研究取向，也是当代西方学习理论领域研究的热点。

情境认知与学习理论把知识视为学习个体与物理或社会情境之间相互联系的属性，也是其互动的产物。它并不是把知识简单视为心理的内部表征，也反对把知识隔离为“一个整体的、自足的，从理论上讲与学习和使用它的情境相脱离的东西”。这意味着情境认知理论强调知识的真实性、社会性、互动性、情境性、应用性，更是对传统知识观的超越。知识是学习的内容，知识观的转变也就使学习具有情境性、社会性的特征。课堂中情境学习离不开内容、背景、实践共同体和参与四个要素的有机整合。也就是说，情境学习就是在真实的情境中、在实践共同体中、在行动中，协商和建构知识的过程。

二、影响大学生心理健康教育课程教学情境创设的因素分析

教学情境的创设是一项复杂的活动，其创设是否有效，是否能在最大限度上优化教学效果受制于多种因素的共同作用，本文认为教师的因素、学生的因素、教学素材的因素以及其他一些外在因素对教学情境的创设至关重要。

（一）教师因素对教学情境创设的影响

心理健康课是一门应用性很强的学科，并非专业理论的传授，授课教师的综合素质会对学生起着潜移默化的影响。在心理健康教育课教学情境的创设中，教师起着非常重要的主导作用，是有效教学情境创设的必要条件。

对教学情境创设有重要作用的教师素质主要包括：

第一，教师的专业知识和表达能力，它反映教师是否有足够的专业知识、广博的相关知识支撑本课程的教学，讲课能否做到思路清晰、重点突出、表达准确等，是学生知识内化的前提基础。提高教学能力与水平，对教师来说至关重要。

第二，教师的个性品质，主要反映教师是否能展现自己的个性特长，克服自身的性格弱点，表现出耐心温和、作风民主、平等待人、客观公正等人格品质。

第三，教学态度和价值观，主要反映教师是否责任心强，备课充分，教学认真，治学严谨，关心爱护学生，忠诚教育事业，传授符合时代精神的价值观念，等等。

第四，教师的精神面貌，主要反映教师是否精神饱满，满怀激情、语言表达具有感染力，衣着整齐端庄，言谈举止文雅大方，上课姿势表情恰当得体，等等。在课堂教学的组织中，教师的精神风貌会起到营造课堂氛围、引领师生互动、形成课堂教学魅力的作用。

第五，教师的教学方法，主要反映教师授课方法是否灵活多样，注重启发式教学，等等。

第六，教学手段，主要反映教师能否有效利用多媒体教学手段，如：网络视频、录像资料、影视作品等手段辅助教学；另外，能否经常进行师生互动，考察教师能否激发学生学习的积极性，使教学过程中师生关系融洽，课堂气氛活跃有序，学生积极思考和回答问题，踊跃参与学习活动，等等。

（二）学生心理特点对教学情境创设的影响

教学情境创设针对性原则中，首先要求对学生的认知结构进行仔细分析，充分考虑学生原有的知识、技能、学习动机、态度、年龄和心理发展特征，在综合分析的基础上，有针对性地寻找学习主题与学生认知结构的有效结合，创设符合学生认识发展规律及不同学生特征的多样情境。

现在的大学生生活在信息时代，海量的信息使他们的思想更加早熟，对每样事物都有自己的见解，讨论问题时的观点也比较深刻，逻辑也比较严密，多具有很强的独立思考和自主选择能力，但承受力和耐挫力不强；同样，由于多数大学生从小就开始接触网络，网上聊天、购物、玩游戏已成为他们的家常便饭，而对网络的依赖也造成了现实中他们人际不畅和行动力不强，但总体上，今天的大学生表现为活泼开朗、求知欲旺盛、精神饱满和对未来充满信心。

现在的大学生也存在较重的功利心，对于不能马上运用到生活中的知识表现出不重视。作为一门公共素质教育课，吸引学生的学习兴趣非常重要，学生的需要是教学内容的重要参考，但作为一门学科，课程有其知识结构、内容体系。因此，在不改变教学内容的情况下创设符合学生心理特点的教学情境则非常重要，使之既能满足学生需要，又能保持其学科完整性。

那么，为实现教学效果最大化，就须根据学生的个性化需求进行深入的调查研究，即要求教师不但要全面了解教学内容、收集丰富的课程素材、灵活运用不同的教学方法，还要把握学生的关注点、兴趣点，这样才能真正激发大学生的兴趣和动机。

此外，要建立和谐的新型师生关系。在情境创设过程中，教师和学生都是活的要素，具有能动性，对教学情境创设起着关键的作用。鉴于教师角色及专业素养、学生个体及心理发展特点对情境创设的影响，教师和学生在情境创设的系统中是不可分离的两个部分，情境的创设必须由二者共同参与才能完成。因此，和谐的师生关系是教学情境创设的前提和保障。和谐的师生关系应以民主、平等为基础，集中表现为教师热爱学生、尊重学生、信任学生，注重学生的情感体验。只有以这种关系为前提，才能充分调动教与学两方面的积极性，使教学过程始终处于教师与学生协调互动、互相促进的状态之中。在教授过程中，教师要及时评价，重视反馈，及时调控。教师作为创设的主体，要完成创设的任务，让学生能在情境中学到知识，除了要系统研究教材和全面了解学生之外，还应及时对学生的信息输出做出反馈，并及时调整预设的情境。

（三）教学素材是良好教学情境创设的关键

教学素材是教师根据教材内容、学生学情、教学环境、教学目标而创造的学习资料。在创设大学生心理健康教育课程教学情境时，对素材的获取是非常关键的步骤，它直接关系到心理健康教育课程教学的效果。教师必须结合所教授学生的实际情况，有针对性地对教学素材进行选取、再加工、重组，甚至开发新素材，使其符合学生的认知规律，从而吸引大学生的注意力，激发大学生主动探索问题的思维与兴趣，同时又能产生心灵震撼的效果，引起其情感的共鸣，进而从中得到反思感悟。

情境素材的选择要广泛化，要与社会生活、时代发展密切相关，且要充分考虑学生的兴趣爱好、生活经验、认知水平，满足学生从知到会的需求，这样才能使教学活动更切实，更高效。首先，要根据教学内容和学生实际来选取素材，教学内容的主要载体是教材，因此，在选教学素材前，教师要读透教材，深入钻研教材，弄清楚教材的知识点、知识点之间的内在联系等；其次，教师还应了解学生的知识基础、兴趣爱好等，才能在选取素材时有的放矢。最后，选择教学素材时要尊重学生。选择生活化素材和生成性素材时，必须要尊重学生。要尊重学生的隐私和人格，不能为了追求教学的效果而牺牲个别学生的尊严。

使用素材的最终目的是要通过教学素材来激发学生兴趣，探求生活真理，提升心理素养。教师在选择教学素材之后，必须要弄清楚如何加工利用，从而来突破知识的生成点、技能的培养点、情感的激发点、育人的渗透点，要想对教学素材科学地加工利用，教师必须根据教学目标和学生的认知特点设置有效的情境，激活思维，激发情感。“情境”之于“知识”，犹如汤之于盐，盐需要融入汤中，才能被吸收，知识需要融入情境中才能显示出活力来，教学情境与教学素材的关系也是如此。

教师针对素材设置一定的情境，通过引导学生思考、体验、感悟，从而来达到对教学素材的有效利用。

总之，教师应有意识地把学生的学习活动与日常生活紧密联系起来，要善于观察、研究，随时挖掘一切可供利用的教学素材。通过教学素材的有效利用，创设与之相配的教学情境，构建充满活力的心理健康教育课堂，促进每个学生健康成长。

三、教学情境创设的内容

本文根据大学生对心理健康教育课教学情境的实际需求，主要在创设影视赏析的感悟情境、心理训练的体验情境、心理测试的发现情境、案例分析的探索情境等方面进行了实践探索。

（一）创设影视赏析的感悟情境

现今，大部分高校为了普及心理健康知识，培养学生良好的心理素质，都专门设置了心理健康教育类课程。这类课程具有实践性和操作性的性质，在授课过程中，采用多种教学手段来吸引学生参与其中就成为必需。而作为人们生活中不可或缺的影视作品，因为其不仅具有直观性、渲染性和娱乐性，还包含着大量的展现心理活动的场景和情节，就成为大学生心理健康教育课程的一项可以有效利用的重要资源。

在实践过程中，本文通过多种途径收集了心理电影、励志电影、心理知识讲座、名家大师报告、成功人士演讲、心理访谈、学生自拍微电影以及热点新闻等多种类型的影视资料，结合课程内容进行有针对性的视频编排，然后在课堂上播放，创设出影视赏析的感悟情境，让学生在观看与赏析中结合自身的实际心理状况唤醒内在的真实感受，从而使学生在有限的时间内，最大限度地汲取心理健康教育方面的知识。

创设影视赏析类的教学情境，能使教学内容更贴近生活本身，应用性较强。

首先，这种情境更有利于学生内隐学习。这种内隐学习是在无意识中自动产生的，指的是在不知不觉中获得某种知识，学习了某种规则。不需要意识的努力，不需要消耗心理资源，克服了人类记忆资源、注重资源的有限性。

其次，更有利于心理健康理念的广泛传播。调查显示，播放影视视频是学生最喜欢的授课形式，所以，通过这种形式将心理健康教育课程内容呈现给学生，容易被学生接受，大大增加了认真听课的学生人数，同时也保证了听课的质量，更有利于心理健康理念的广泛传播。

（二）创设心理训练的体验情境

心理训练是根据不同群体的不同需求，采用一定的方法和手段，依托客观环境，使人们形成良好心理状态的过程。在这个过程中，让参与学生通过亲身体验解决问题，领悟做人道理，提高社会适应能力，完善和优化心理品质。在实践研究中，将心理训练这种形式应用于心理健康教育课堂，是一种深受学生喜欢的教育形式，其原因就在于它适合大学生学习兴趣浓厚、求知欲强烈、对新鲜事物好奇、思维活跃以及富于挑战自我精神的身心发展特点，而心理训练内容丰富、形式多样。这样既有利于激发学习动机，提高学习兴趣，又有助于在合作中改善学生的行为态度，这正符合当代大学生的心理特点。

结合教学内容，教师在课堂上设置“心灵成长训练营”环节，给学生创设出一种在体验中成长的教学情境，其中包括“我的人生五样”“寻找打开心理之锁的钥匙”“将心比心”“解锁心灵”“我是谁”“绘制乔哈利之窗”“丢掉人际交往中的自卑”“人际财富”“发现快乐”“愤怒叫停”“兴趣岛—自我兴趣探索”以及一些催眠放松等训练内容，都收到良好的效果。

通过心理训练，使学生能够学会积极地自我暗示，能更好地实现自我悦纳，它是强化原则的运用。从行为反馈的角度看，心理训练能促进态度的形成。形成有目的性和果断性的意志品质，是个体长期锻炼的结果，故有意识地进行心理训练，会极大地促进良好的意志品质的形成。所以，在大学生心理健康教育课上加入心理训练内容，创设在体验中成长的教学情境，对于培养学生健康心理状态和行为方式，提高心理素质，树立正确的世界观、人生观和价值观，形成积极的、现实的人生态度具有重要的作用。

（三）创设心理测试的发现情境

心理测试是心理学中研究人的行为和品质的一种常用测量手段，它是根据人们在社会生活中所表现出来的认知、情感、情绪、意志等生理反应和心理历程，以及由此产生的动机、兴趣、爱好等个性心理特征，通过问卷量表、实验活动等判断形式来测量个体或群体被试的生理特点和个性心理类型。在心理健康教育课上应用一些心理测试项目，创设出让学生了解自己的个性心理和人格特点、发现自己的优势与不足的教学情境，以便有针对性地实施教育教学，这对于培养学生良好的兴趣、爱好，挖掘学生的潜能，完善学生的人格，更全面地认识、把握自我有积极的作用。

教师在塑造人格魅力一课中应用了“画树识人格”“菲尔人格测试”“气质类型量表”等测试，在职业生涯规划课应用了“了解自己的职业活动兴趣”测试，在自我认识课堂上应用了“自我意识测试”，在人际交往中的心理调适课上应用了“人际交往能力自测”，在情绪与情商课上应用了“国际标准情商（EQ）测试”，在压力与管理课上应用了“心理压力自测”，等等，各项心理测试都与教学内容紧密结合，营造出了通过心理测试让学生积极进行自我认识、自我发现的教学情境，很受学生的欢迎，教学效果良好。

不过，在此过程中，必须让学生明确心理测试只是帮助他们了解自己、认识自己的一个辅助手段，不能作为认识自我的唯一依据；而且要让学生知道，虽然心理测试得到了广泛应用，可是心理测试从理论到方法都还存在许多问题，尤其是过分夸大心理测试的科学性和准确性是不可取的。同时，要让学生明白测试结果并不是不可改变的，不良的行为习惯可以通过后天的努力逐渐改变。因此，必须运用鼓励性手段，帮助学生建立自信心，扬长避短，充分发挥潜能，为健康成长和全面成才做好准备。

（四）创设案例分析的探索情境

案例分析法是指教师在教学过程中，以实际生活中出现的事件作为案例，根据教学目标的要求，引导学生结合教学内容对案例进行分析、思考与探讨，是一种开放式的教学方法。在心理健康教育课程教学过程中使用案例分析方法，创设出案例分析的教学情境，就是把实际生活中发生的心理问题或心理事件通过语言或文字的方式传递给学生，让学生进行思考、分析和讨论，加深学生对所学心理理论知识的理解、把握和运用，增强学生对心理健康重要性的认识，增加学生对心理问题的识别、判断和调适能力。

创设案例分析的探索情境的教学效果如何，关键在于教师对案例的选择，一个优秀的案例会很自然地引起学生认识问题、分析思考问题的兴趣和热情。在选取案例时，要注重从学生关心和渴望了解的问题入手，力求使选用的案例具有现实性、代表性、生动性。

运用案例分析法创设探索的教学情境，首先，可以通过案例给学生创造身临其境的感觉，加深感性认识，有利于激活课堂，激发学生的学习兴趣。其次，通过对具体案例的分析与探讨，将心理理论知识与现实生活结合起来，会使学生的感悟更深刻，掌握得更牢固，获得的收获也会更大。最后，可以营造一个民主、平等的探讨氛围，便于调动学生的积极性和创造性，使得学生敢想敢说，拓展思维，开发潜能，有利于提高提高学生发现问题，分析问题和解决问题的能力。

四、教学情境创设的意义

心理健康教育课对大学生成长发展的影响及重要性不言而喻。课程的开设绝不能仅仅视为学校为应对和避免学生日益复杂多样心理问题的被迫之举，而应是学校认真贯彻教育方针，落实教育目的，深入推进素质教育，确保学生全面健康发展的必要措施。教师在教学过程中应关注学生的内心体验和心理需求，要反映学生多层次个性化要求，应改变以往“填鸭式”的教学方法，将讲授法、影视资料赏析、心理测试、心理训练、案例分析、讨论与分享等教学方法综合、灵活地运用起来，创设出有益于增强教学实效的教学情境，以达成以下目标：充分调动学生课堂学习的积极性和主动性；有利于提高学生分析问题解决问题的能力；提高大学生自我管理和情绪调节等方面的能力；增强心理素质和优化心理品质。

第四节　大学生心理健康教育课程的教学理念与教学设计

一、教学理念

防治心理疾病，加强心理调节，完善心理品质。

二、教学设计

◇第一课

【课题名称】心理健康面面观。

【教学时数】2 学时。

【教学目标】明确心理健康的标准及意义，增强自我心理保健意识。

【教学重点】大学生心理健康的标准，正确理解和运用大学生心理健康标准应注意的问题；怎样提高心理健康水平。

【教学难点】怎样提高心理健康水平。

【教学方法】创设影视赏析的感悟情境，采用播放视频资料、展示课件、学生提问、教师指导讲解、师生共同讨论、心理训练等策略，激发学生学习的兴趣，增强维护心理健康的意识。

【教学准备】准备与心理健康相关的视频、故事资料、心理训练内容以及心理健康知识 PPT 课件。

◇第二课

【课题名称】心理困惑巧调试。

【教学时数】2 学时。

【教学目标】了解大学生常见心理问题的类别与症状等基本知识，掌握心理问题的自我调适技巧。

【教学重点】大学生常见的一般心理问题；大学生心理问题与心理障碍产生的原因；如何面对自身的心理问题。

【教学难点】大学生常见的严重心理问题及心理障碍；如何面对自身的心理问题。

【教学方法】创设案例分析的探索情境，采用案例分析、展示课件、学生提问、教师指导讲解、师生共同讨论、心理训练等策略，增强学生对心理问题的识别、判断和调适能力。

【教学准备】准备案例、心理访谈视频以及心理问题类别、判断等知识 PPT 课件。

◆第三课

【课题名称】心理咨询促成长。

【教学时数】2 学时。

【教学目标】了解心理咨询的基本知识，在遇到心理问题时能够进行自我调适或寻求帮助。

【教学重点】心理咨询的内涵；大学生心理咨询的主要内容；大学生心理咨询的基本形式。

【教学难点】心理咨询的内涵。

【教学方法】创设案例分析的探索情境，采用案例分析、展示课件、学生提问、教师指导讲解、师生共同讨论、心理训练等策略，增强学生对心理问题的识别、判断和调适能力。

【教学准备】准备案例、心理咨询示范视频、成长故事、心理训练等资料以及心理咨询、心理测试等知识 PPT 课件。

◆第四课

【课题名称】塑造自我新形象。

【教学时数】2 学时。

【教学目标】了解自我认识的基本知识，掌握自我探索技能，能正确认识自己、接纳自己。

【教学重点】自我认识的含义和重要性；自我接纳的策略。

【教学难点】自我接纳的策略。

【教学方法】创设心理测试的发现情境，采用心理测试、展示课件、案例分析、学生提问、教师指导讲解、师生共同讨论、心理训练等策略，增强学生对自我的认识与自我调控的能力。

【教学准备】准备心理测试、案例、心理训练等资料以及自我认识等知识 PPT 课件。

◆第五课

【课题名称】人格完善幸福多。

【教学时数】2 学时。

【教学目标】了解大学生的人格特征等基本知识，培养自我人格完善的能力。

【教学重点】大学生的人格特征；大学生人格完善的途径和调适方法。

【教学难点】大学生人格完善的途径和调适方法。

【教学方法】创设影视赏析的感悟情境，采用观看视频资料、心理测试、展示课件、学生提问、教师指导讲解、师生共同讨论、心理训练等策略，增强学生对自己人格特征的了解与认识。

【教学准备】准备视频、心理测试、心理训练等资料以及关于人格知识的PPT课件。

◆第六课

【课题名称】生涯规划促成功。

【教学时数】2学时。

【教学目标】了解生涯规划的基本知识，掌握生涯规划技能，制订大学生涯规划。

【教学重点】大学生活的特点及生涯规划；大学期间生涯规划的制订；学会时间管理。

【教学难点】大学期间生涯规划的制订。

【教学方法】采用案例分析、心理测试、展示课件、学生提问、教师指导讲解、师生共同讨论、心理训练等策略，增强学生对生涯规划的思考。

【教学准备】准备案例、职业兴趣、职业匹配测试、心理训练等资料以及PPT课件。

◆第七课

【课题名称】培养学习好心境。

【教学时数】2学时。

【教学目标】了解学习心理的基本知识，掌握学习发展技能，培养健康的学习心理。

【教学重点】学习中常见的心理问题；培养健康的学习心理。

【教学难点】培养健康的学习心理。

【教学方法】创设影视赏析的感悟情境，采用观看视频资料、心理测试、展示课件、学生提问、教师指导讲解、师生共同讨论、心理训练等策略，促进学生思考。

【教学准备】准备视频、心理测试、心理训练等资料以及PPT课件。

◆第八课

【课题名称】了解情绪提情商。

【教学时数】2学时。

【教学目标】了解情绪与情商的基本知识，掌握情绪调节的技能，培养情绪管理能力。

【教学重点】了解自己的情绪；管理自己的情绪；识别他人的情绪。

【教学难点】了解自己的情绪；管理自己的情绪。

【教学方法】采用讲解心理实验、案例分析、影视赏析、展示课件、学生提问、教师指导讲解、师生共同讨论、心理训练等策略，促进学生思考、探索与实践。

【教学准备】准备心理实验、案例、视频、心理训练等资料以及PPT课件。

◇第九课

【课题名称】学会交往万人迷。

【教学时数】2 学时。

【教学目标】了解人际交往的基本知识，掌握人际沟通技巧，培养人际交往能力。

【教学重点】交往能力快提高；人际冲突巧处理；宿舍关系莫小瞧。

【教学难点】交往能力快提高；宿舍关系莫小瞧。

【教学方法】采用观看视频资料、展示课件、学生提问、教师指导讲解、师生共同讨论、心理训练、角色扮演等策略，促进学生感悟、思考与实践。

【教学准备】准备视频、心理测试、心理训练、角色扮演等资料以及 PPT 课件。

◇第十课

【课题名称】爱情花蕾悄绽放。

【教学时数】2 学时。

【教学目标】了解爱情与性的基本知识，培养正确对待爱情的能力。

【教学重点】爱的艺术，大学生应如何对待爱情，大学生的性心理。

【教学难点】爱的艺术，大学生应如何对待爱情。

【教学方法】采用影视赏析、展示课件、学生提问、教师指导讲解、师生共同讨论、案例分析、角色扮演、心理训练等策略，促进学生思考、解惑。

【教学准备】准备视频、案例、角色扮演、心理训练等资料以及 PPT 课件。

◇第十一课

【课题名称】管理压力抗挫折。

【教学时数】2 学时。

【教学目标】了解压力与挫折基本知识，掌握正确管理压力、应对挫折的方法，培养抗挫折能力。

【教学重点】大学生压力和挫折的产生与特点；压力管理与挫折应对。

【教学难点】压力管理与挫折应对。

【教学方法】采用心理测试、展示课件、学生提问、教师指导讲解、师生共同讨论、心理训练等策略，促进学生思考、解惑。

【教学准备】准备心理测试、心理训练等资料以及 PPT 课件。

◇第十二课

【课题名称】珍爱生命识危机。

【教学时数】2 学时。

【教学目标】了解心理危机与干预的基本知识，理解生命的意义，增强心理危机预防意识。

【教学重点】生命的意义；大学生心理危机的表现；大学生心理危机的预防与干预。

【教学难点】大学生心理危机的预防与干预。

【教学方法】采用影视赏析、展示课件、学生提问、教师指导讲解、师生共同讨论、案例分析、心理训练活动等策略，促进学生思考、解惑。

【教学准备】准备视频、案例、心理训练活动等资料以及 PPT 课件。

第七章　高校心理危机干预工作的探索与实践

第一节　高校心理危机干预概述

一、高校心理危机干预相关概念

危机是指那些完全无法预测的、对当事人产生巨大影响的灾难性事件。危机状态对人的影响程度取决于当事人对所面临的急剧变化的危机熟悉程度。与此相反的是，如果不熟悉，就会产生无望的、害怕的感觉，伴随着软弱感和无助感。一般性的危机包括战争危机、事业危机、经济危机、婚姻危机、升迁危机、交往危机、考试危机、死亡危机以及不可抗拒的天灾人祸，等等。危机的八大特征：一种关键的压力事件或长期的压力情景；个体的悲伤经历；存在损失、危险和羞辱；有一种无法控制的感觉；事件的发生是预料之外的；日常工作遭到破坏；未来的不确定性；紧张持续时间过长（从 2 个星期到 6 个星期）。

心理危机是指人在面临自然、社会或个人的重大事件时，由于无法通过自己的力量控制和调节自己的感知与体验，所出现的情绪与行为的严重失衡状态。处在心理危机中的人或人群除了有典型的生理方面的应激反应障碍外，通常在情绪上表现为暴躁冲突或抑郁强迫、狂躁多语或孤独少言、痛苦不安或激情难抑、绝望麻木或焦虑烦躁等严重的情绪行为失衡状态。如果进行有效干预，当事人自身就会重新产生“世界是安全的、可靠的”之理念，并努力达到与周围环境之间的平衡。心理危机出现并不可怕，只要当事人或人群能得到及时的、专业的心理服务与援助，就可以化危机为发展，促进人在心理上更快地走向成熟与完美。1954 年，美国心理学家卡普林首次提出心理危机的概念并对其进行了系统研究。他提出，心理危机是当个体面临突然或重大生活逆遇（如亲人死亡、婚姻破裂或天灾人祸等）时所出现的心理失衡状态。每个人都在不断努力保持一种内心的稳定状态，使自身与环境相平衡与协调，当重大问题或变化发生使个体感到难以解决、难以把握时，平衡就会被打破，正常的生活受到干扰，内心的紧张不断积蓄，继而出现无所适从甚至思维和行为的紊乱，进入一种失衡状态，这就是心理危机状态。

心理危机干预是指运用心理学、心理咨询学、心理健康教育学等方面的理论与技术对处于心理危机状态的个人或人群进行有目的、有计划、全方位的心理指导、心理辅导或心理咨询，以帮助平衡其已严重失衡的心理状态，调节其冲突性的行为，降低、减轻或消除可能出现的对自己、对他人和社会的危害。为处于不同成长阶段的人的心理发展提供科学的、有效的、全面的心理援助和服务是现代社会发展的重要标志。

学校心理危机干预是指建立在学校教育和学校管理基础上的心理危机干预。严重心理失衡状态可能会导致学生的冲突性行为，如果一些冲突性行为只是在学校管理、社会安全或社会法律的层面上得到阻止和解决，而没能在心理层面上予以疏导和帮助，则可能转换成潜在的压力和焦虑，进而形成严重的心理障碍和心理疾病，直接影响青少年身心的健康发展。学校心理危机干预的范围通常是在校园内发生的重大恶性事件。学校心理危机干预的对象主要是在学校学习的学生、学校教师和管理人员以及与他们相关的亲属或亲属人群。

参与学校心理危机干预的成员主要是学校教育的管理者、学校心理健康教育教师、与学校教育相关的教育专家和心理专家以及高级心理咨询师、医务人员、社会安全保障人员（公安、法律、火警等）和社区工作者等。

二、高校心理危机干预与应激管理的意义

加强我国大学生心理危机干预的研究，构建大学生心理危机干预体系，强化大学生心理危机干预工作，无论对大学生个人的发展与成才，还是对维护高校和谐稳定都具有重要意义。

（一）心理健康教育的底线功能

高校心理健康教育经过多年的发展与实践，已经从病态治疗和人格补偿阶段进入到心理发展阶段。但是，从心理和精神层面保护生命、完善个体对心理危机的应对能力依然是心理健康教育要坚守的底线功能。没有生命何谈发展？对少数处于心理危机的个体全面关注、科学引领是所有心理工作者必须要履行的职责和面对的重要课题，对多数学生开展心理危机应对与管理能力训练也是心理健康教育必须承担的教育责任。要认真地辨别危机现象，主动加强对危机个体的关注和追踪，宁可悲观一点地去研判，也不能忽略每个支持和干预的机会。

（二）高校心理健康教育理论和实践的集中体现

危机干预与应激管理是集管理学、思想政治教育学、组织行为学、心理学、领导决策

学等综合运用的过程，本身就体现了心理健康教育是一门兼容的学科。其过程是一个教育和管理过程，需要组织、协调、治理，更需要超前设计，是思想政治教育和心理健康教育最集中、最全面的实践，也是心理工作功能的一种外显。如果说，心理咨询是为某些个体提供的服务和享受，那么危机管理才能帮助心理健康教育融入高校整个管理体系中去。这既是高校教育和管理工作的需要，使得心理健康教育可以部分地摆脱边缘化，更是心理健康教育专业性的体现。

（三）学生成才成长的需要

大学生接受高等教育，不仅要接受专业结构发展和拓展，同时还需要获得更好的平台促进躯体发育、认知和情感的发展以及社会角色能力的发展，还有作为独立自由人应对心理危机能力的发展。大学生在成长的路上，危机时时与他们相伴，危机是个人成长的伴生物。善待心理危机，以心理危机为契机，使大学生真正发现生命的价值与人生的意义。大学生心理危机干预涉及每个年轻的生命，其重要性不言而喻，它是大学生心理健康教育的重要组成部分。因此，在教育系统内引入旨在促进大学生心理发展、精神健康和预防危机的项目是必要的。通过心理健康教育和危机管理指导，可以提升学生的自我感知，促进其对心理发展、精神健康和危机管理的理解，引领其更好地预见、评估、应对各种危机，并从中更深刻地领悟生命的意义，提高对人生的掌控能力，发展为一个自由而全面的独立人。

三、高校心理危机干预的模式与类型

（一）危机干预的模式

因为危机呈现着一些特征，比如：危机既意味着危险又蕴藏着机会，危机的时间通常有限但反复出现一系列的转危机点，危机常常是复杂的且难于解决，危机干预工作者的生活经历可大大地增加危机干预的效果，危机包含着成长的种子和改变的动力，不存在万能的或快速的解决方法，危机以多种选择呈现在人们的面前，危机中伴随着情感的不平衡和紊乱，危机的解决与危机干预工作者的成长之间存在交互影响，等等，因而会有不同模式来予以应对。危机干预模式的三个方向，即平衡模式、认知模式和心理社会转变模式。

平衡模式也可称为平衡/失衡模式。这是一种最纯粹的危机干预模式，通常应用于危机的起始期。处于危机的人群或个体通常处于心理或情绪的失衡状态，平衡模式的干预方向就是尽力让他们尽快恢复到危机前的心理或情绪状态，且稳定的时间至少在一周左右。

在发生灾难性突发事件时，心理干预可起到缓解痛苦、调节情绪、塑造社会认知、调整社会关系、整合人际系统、鼓舞士气、引导正确态度、矫正社会行为等作用。有效的心理干预就是帮助人们获得生理上、心理上的安全感，缓解乃至稳定由危机引发的强烈的恐惧、震惊或悲伤的情绪，恢复心理的平衡状态，对自己近期的生活有所调整，并学习到应对危机有效的策略与健康的行为，增进心理健康。

认知模式以通过改变当事人的思维方式，尤其是通过认识其认知中的非理性和自我否定部分，实现对理性的获得并强化理性和自强的部分，从而对危机中的生活有所控制。危机到来的时候，常常会在一段时间内扭曲人的原有认知使其变得消极，带给当事人无力感和无助感，使其感到茫然和不安。通过认知模式的干预，当事人学会自我说服，思想重新获得积极的肯定，消除旧的、否定的、懦弱的认知，实现对生活的掌控。此模式适合于危机的中期阶段。

心理社会转变模式认为，危机不仅仅是个体自身的，它的出现本身可能就与社会的或环境的困难有关，危机的恢复和消除也需要个体与环境共同作用。这个环境包括个体的同伴、家庭、职业和社区等多个外部维度。环境的改变对个体危机的解决也是重要的。这种干预模式比较适合于危机干预的中后期，即稳定下来的求助者。

危机干预策略和方法是建立在危机干预的模式上的，也即策略和方法因模式的不同而有所区别。

（二）心理危机干预的过程

根据心理危机干预的四种基本模式，其发生和作用可以体现在下面几个过程上：

预防性干预：在重大事件可能发生前的心理干预。这是危机干预侧重的部分，也即“防患于未然”。通过心理教育、危机教育、危机发现，尽最大可能避免和预防危机的发生是危机干预的重点。

引导性干预：在重大事件发生时的心理干预。这种干预更倾向于平衡模式，引导当事人或求助者尽快恢复平衡。

维护性干预：在重大事件发生后的心理干预。这是对积极认知等因素的维护，肯定情绪的转变，维护心理和情绪的稳定并将其时间延长。

发展性干预：在当事人（或人群）心理康复后以促进继续健康发展为目标的心理干预，也包括对健康人群的发展性心理健康教育以及对环境支持因素的发展性教育。

四、大学生心理危机特点与干预策略

（一）大学生心理危机

大学生心理危机的分类有很多，不同学者从不同的角度对危机进行了分类。目前比较认可的有二分法、三分法和四分法，其中比较流行的是三分法，即心理危机有正常发展性危机、境遇性危机和存在性危机三种情况。

正常发展性危机。对大学生个体来讲，正常发展中存在着学业、恋爱、人际、择业等内容。在这个发展过程中，学业上，比如考试作弊被严重处分、重大考试失利、不能按期毕业、被学业处理等会引发心理危机；情感方面，单恋求爱不成、失恋、遭遇背叛等常常引发心理危机；人际方面，被孤立、被暴力对待、好友背叛、人际冲突等易引发心理危机；择业方面，求职被拒、就业不理想等会引发心理危机。

境遇性危机。在人无法预见和控制时，常常出现在罕见或超常性事件。对大学生而言，父母离婚、交通意外、女学生被强奸、突然的疾病或亲人死亡、创伤后压力症候群等会引发境遇性危机。

存在性危机。主要指伴随重要的人生问题的内部冲突和焦虑，如：许多大学生开始思考人生目的、责任、独立性、自由等深度问题，但由于认知水平有限，常常陷入空虚、无望的状态，体现为无希望、无能力和无作为等感觉，易导致抑郁甚至危机。

（二）大学生心理危机的表现及特点

个体精神症状表现：言语上抑制、紊乱；认知与思维上注意狭窄或歪曲；情绪上焦虑、恐惧、悲伤，易怒性、情绪不稳定性、抑郁性的感觉提高，注意力集中困难；记忆上有非意愿的、无法控制的回想；行为上冲动，有释放性行为，如：攻击、抑制、恐惧和焦虑提高；学业表现下降和注意力下降、抗挫折能力下降、行为退缩等；各种分离的感觉，如：睡眠困难、饮食困难、对曾经喜爱活动的兴趣降低、工作能力降低等。对那些与同伴相比表现出更强烈困难的学生，教师要始终保持警觉，因为他们或许需要更进一步的、更单独的个人心理危机干预。

群体性表现：师生可能有的共同反应如震惊、失去知觉、否认，或者对已发生的情景无法知觉、交往行为错乱——无动于衷、麻木不仁、表达不真实的感觉、思维混乱、行为混乱、难于做决定、易受暗示等。

（三）大学生心理危机干预的类型

从对象上分，包括对当事人干预，指对事件发生现场中的直接当事人或人群的心理干预。对当事人相关人群干预：对不在事件发生现场，但与当事人或人群有密切接触并受影响的人或人群的心理干预。对当事人亲属人群干预：对当事人或人群的亲属人群的心理干预。

从形式上分，包括现场干预、来访性干预、跟踪性干预。现场干预指在重大事件现场与其他专业人员配合与合作对当事人或人群的心理干预。来访性干预指对有冲突性行为爆发倾向的来访人或人群的心理干预。跟踪性干预指重大事件发生后，对当事人或人群、相关人或人群的补救性心理干预。

第二节　高校心理危机干预系统建设

一、高校心理危机干预及系统建设的原则

总体原则是防处结合、以人为本、生命第一。具体原则包括：

（一）预防的原则

要加强对重点观测对象的发现、研判，有效制止即将发生的危机。

（二）控制的原则

对当事个体来说，要控制、防止过激行为，将危机程度控制到最低。对相关群体来说，要控制其受波及程度。对整体环境来说，要尽快恢复平常时期的秩序和状态。要进行全面的、综合的分析，切实地根据需要做出是否复原的决定，如果不能适当进行，则具有使事态恶化、危机持续或者深刻化的危险，教学部门应尽快按教学计划上课，安全和后勤保障等部门按正常要求运行，对在危机中受灾严重的部门，重点支持建设。涉及学校对外形象建设的要尽快通过宣传消除社会上的不良影响，力争随着恢复平常的措施和对策的推进，使整体环境逐渐恢复平静和常态。

（三）降低影响的原则

应当降低三个方面的影响，首先是对当事人的影响，应遵循保密的原则，尽最大可能

将发生危机事件的当事人的信息屏蔽，对其隐私和声誉予以最大限度的保护。其次是降低危机事件对相关群体的影响，校园中的危机事件要尽可能快速干预完成，以最大可能避免影响到其他学生和正常的教学秩序，以免引起次生危机。最后是尽可能降低社会影响。近年来，校园危机事件给高校带来了许多不必要的负面影响，严重影响了高等教育的形象。形象问题甚至成为一些别有用心的人用来与高校谈判的筹码。学校的形象和声誉是学校生存和发展的根本所在，也是学生发展的利益所在。危机的发生必然要危及学校的形象和声誉，在进行危机管理的时候要尽量减小对学校声誉带来的损失。因此，在尽快完成危机干预的基础上，应做好舆论和宣传工作，保证信息畅通，上情下达、下情上报以及各部门之间信息交流。要确立新闻发言人，定期通过校园网、校内电视台、广告栏和与学生以及外界新闻媒体面对面等方式和途径，将真实信息畅通无阻地快速传达给学生以及外界新闻媒体，避免小道消息的传播，稳定学生的情绪，避免不必要的猜测和误会，给学校带来舆论压力和社会质疑。

（四）教育的原则

心理危机干预的关键在于进行“人格塑造”，帮助发生危机者恢复自信，克服心理缺陷，发挥个人潜能。一方面，要引导当事人释放被压抑的情绪，重建信心及正确的自我评价，及时处理当事者的精神、情绪及行为问题，帮助建立支持摆脱危机，帮助寻求解决问题的方式，让求助者学会采用积极、有效的方法应对挫折；另一方面，要加强生命教育与死亡教育，生命教育就是要引导学生去理解生命，追求价值，关注人的生命、生活，尊重人的价值。死亡教育则是通过对死亡的了解，进而欣赏生命、珍惜生命和反省自己的生命，从而获得积极向上的生活态度。应该从危机事件出发，从心理学、伦理学、社会学等角度开展教育，传授给大学生有用的心理知识、伦理规范、交往技巧、应对挫折的策略，等等，从而使更多大学生珍惜生命、健康成长。

二、高校危机干预系统的队伍与职责

危机干预是社会各界人士采取行之有效的办法，帮助处理困境的个体、家庭、群体度过危机，恢复心理平衡的过程。它包括弄清问题、表达感受、确立目标、达到目标的意见以及决定行动方案等过程。学校危机干预必然是一个系统工程，需要学校内部的各个相关部门和人员通力合作，各司其职，共同作用，使危机降到最小，后果最轻。心理危机干预工作能否取得进展，队伍建设是先决条件，通常要由以下三个层面的小组来共同完成：

（一）领导小组

主要由校级领导承担，负责危机干预方案的制订和决策，组织协调专业小组和支持小组的工作。危机发生后，学校应授予危机管理领导小组高度集中的权力，针对危机产生的原因，围绕事先制定好的危机管理预案，以学生生命为第一重点，快速决策、审慎处理。

（二）专业小组

主要由本校的和本地区（或本学区）的学校心理健康教育专职（兼职）教师、已获得心理健康教育教师上岗资格证书的教师组成。其主要工作内容是：提供心理危机干预方面的技术指导和监督，在事件现场对当事人或人群开展心理危机干预、提供心理援助和心理疏导；对心理危机干预效果进行现场评估；收集和整理与当事人或人群相关的心理健康资料、与心理危机干预操作过程相关的资料；对事件发生后的维护性心理危机干预提供方案或建议；为上级教育管理部门和心理健康教育指导中心提供与事件相关的心理危机干预专项研究报告。专业小组还可指导并建立若干个临时性的工作小组，分别负责为事件现场外围的人或人群（同学、教师、家长）提供适当的心理援助和疏导。这些小组的成员可以由接受过专门心理健康教育培训的学校德育工作者、班主任和教师中的骨干教师、团队学生会干部、学生中的“心理互助员”等组成。

（三）协助小组

主要由保卫、教务、宣传、学生管理队伍等组成。保卫负责安全保障和对公安系统的辅助；教务协调教学管理和教学秩序的调整；宣传主要负责新闻发布和媒体协调，通过及时、准确的信息发布也可以对相关人群进行次要干预；学生管理队伍负责对相关学生群体的安抚和管理，避免引起次生危机。

三、高校心理危机干预系统的内涵

心理危机干预是一个系统工程，在高校心理危机干预系统中主要包含三个维度，即心理危机预警系统、心理危机应激系统、心理危机维护系统。具体如下：

（一）学校心理危机预警系统

关于心理危机预警系统的构建，第一，预警对象信息库是基础和前提，每年新生入校都要参加心理健康状况普查，为每一个学生建立心理档案，通过心理健康普查制度，发现可能产生心理危机的对象，从而建立预警对象信息库，重性精神病、神经症、有危机史、应激事件的学生要提前纳入“重点对象预警系统”，启动网络工作监控和管理体系，在适当范围内给予监控。第二，心理预警指标体系是标准和界限。通过召开心理工作专题会议，研究和制定校园心理危机干预和应激管理办法，设计并确定各指标的合理权重分数，确定预警级别，以便及时对学生的心理危机做出科学、准确的判断。第三，心理危机信息报告制度是补充和完善。日常生活中，网络体系逐级向上负责，发现、预防、监控都有联动，保证信息通畅。第四，建立交互式心理危机预警子系统，以学校为主导，由危机个体（学生）、家庭和社会共同构成一个整体预警系统。在学校部分，通过学生宿舍、班级、院（系）、心理咨询中心和学校建立五级预警体系，五级预警体系从低级到高级，层层设防，相互配合。两条通道：一条是班级、年级、院系、学校、医院，第二条是由宿舍、楼栋、社区、学校、医院形成的自下而上、自上而下的双向多层次干预机制，学生心理疾病诊疗快速绿色通道。第五，常规性心理健康教育是巩固和干预措施，对大学生进行及时的心理健康指导与服务。

（二）学校心理危机干预的应激系统

当在学校管理范围内发生重大恶性事件（自然灾害、灾难性事故、传染性疾病、暴力冲突等）时，学校心理危机干预应激系统要能及时、有效地与负责危机干预的其他系统（教育管理、公共安全、医疗卫生、社会工作等）进行合作，有计划、有步骤地对事件当事人或人群进行心理干预，同时协助有关部门对与当事人或人群相关的人群（同学、教师）和亲属人群（家长、亲戚）提供科学、有效的心理援助和心理辅导。学校管理者和安全保卫人员巡视校园；引导悲伤的学生到心理支持人员所在的地方；考虑准备给学生家长的信（情况、分析、反应、指导、联系号码）；所有成员可以运用“突发灾难性压力管理”模式（ATSM）；专业工作组成员有选择地到教室里组织讨论；教师要为学生的情感发泄提供机会；学校心理健康教育教师、专业工作者要为个人或小组提供心理咨询；要指定专门的发言人——“其他任何人都不说”；要指定可替换的发言人。

（三）学校心理危机干预的维护系统

学校心理危机干预的维护系统是指在重大恶性事件发生后对当事人或人群以及对与当事人或人群相关的人或人群提供补救性的、维护性的心理干预系统。由于种种原因，在重大恶性事件发生时，心理危机干预人员无法到达现场，须采取事后补救性的心理干预。它包括：重大恶性事件发生后，对当事人或当事人群继续跟踪的、维护性的心理干预；重大恶性事件发生后，对与当事人相关的人或人群维护性的心理干预。维护系统专业工作组人员构成与应激系统专业工作组人员构成基本相同，其任务也基本相同。在进行维护性心理干预时，专业工作组的一项重要任务就是要科学区分和鉴别出已患有比较严重心理问题或心理障碍的人员，要及时向上一级心理健康专业工作者求助或及时转介到当地医疗卫生部门。

四、高校心理危机干预与应激管理的科学研究

一是可以进一步拓展心理健康研究的视野和心理健康教育的内涵。二是大学生心理危机及其相关因素的系统研究，特别是从实证角度进行研究，有利于补充国内在此方面研究的不足，促进心理危机和危机干预理论本身的完善，促进大学生心理学、心理卫生学等学科的完善和发展。三是对高校心理健康教育工作体系的重要完善，有利于提高大学生心理危机干预的有效性和科学性。从国内外的研究现状来看，专门以大学生为研究对象的系统化心理危机及危机干预策略的研究尚不多见。四是开展对心理危机干预的科学研究对大学生成长、维护高校安全稳定的校园环境具有现实性和实践性意义。

第三节 高校心理危机干预的重点与难点

一、理论体系的问题

目前，高校心理危机干预的开展主要依据危机干预与应激管理的相关理论体系，并没有太多专门针对高校和大学生实际的理论成果可供参考，也包括大学生群体性事件。而大学生心理危机的原因（学业、人际、情感、择业）、心理危机的特点、心理危机的强度、心理危机的类型、心理危机的后果和社会影响等与一般公共危机相比存在其独特性，因而干预方案和管理方法都应有所区别。因此，其理论研究与体系的形成还需要进一步地深入与完善。

二、操作层面的问题

操作层面的问题主要指评估技术、干预技术等技术问题，这也是整个高校心理危机干预的重点和难点。

（一）谈话技术中的维度与要点

谈话是心理危机评估的主要技术，现就危机评估中的谈话须把握的维度进行分析：

抑郁水平的维度：抑郁的一种常见表现是远离朋友、家人和惯常的活动。因此，咨询者应该确定来访者是否对以前喜欢的活动失去了兴趣和快感，倾听以寻找他们从朋友和家人那里撤回情感的迹象。咨询者需要从了解来访者的人中获得更多诸如社会性退行和孤立等方面的信息。抑郁通常伴随着大量的躯体变化，包括睡眠、食欲以及精神性运动的变化（显著的迟缓或神经焦虑）。另外，性兴趣和动机也常常大幅度下降。因此，要考察其睡眠的模式有没有变化，最近体重有没有增减，近期的交往模式有没有变化，食欲如何，性活动怎么样，观察来访者的行为，看其有没有迟缓的躯体动作和语言，或者恰恰相反可能表现出的激动和不安。咨询者还需要评估来访者的认知变化。抑郁的认知信号可能包括思维迟缓、记忆丧失和注意困难。来访者可能在做出决断和解决问题方面存在困难。

伤害自己观念的维度：当来访者承认伤害自己的观念时，以一种从容的、同情的、专业的、不大惊小怪的态度去询问这些棘手问题，要探察伤害自己想法持续的时间、频率以及强度。一种常见的恐惧是，担心直接询问有关伤害自己之事可能会把伤害自己的念头带进来访者的头脑，但没有任何临床的证据显示这样的事情会发生，而且绝大多数来访者由于有机会谈及伤害自己的想法而得到了缓解。除此之外，这种分享自我毁灭念头的邀请再一次向来访者证实了咨询者关于这个话题没有不适的感觉，可以控制事态，并且有处理问题的能力。

伤害自己计划的维度：询问来访者伤害自己的一般方法（如：刀具、过量毒药、刮胡刀片），而且还要问及具体实施的手段。如：向哪里开刀或用什么毒药，割什么部位，等等。伤害自己计划的变化可能是标志着伤害自己危险升高或降低的重要信号。计划的具体性越强，危险就越大；伤害自己方式的致命性越强，伤害自己的危险就越高。

来访者自控能力的维度：在评估伤害自己的危险时，考虑到来访者对其自控能力的观念是十分重要的。彻底探查来访者的自我控制能力是十分重要的。如果来访者过去曾产生过伤害自己的念头，询问是什么原因使他没有失去控制去真的伤害自己。这种信息可能成为有价值的治疗联盟，过去曾经起过作用的事情就有机会再次起作用。当你的来访者有这种类型的问题时，正当的做法是立即请同事进行督导或讨论。虽然短暂的口头交流不足以判断一个来访者是否安全，是否需要住院治疗，但重要的是它可以注意到一些缓和因素，如来访者子女的爱，这些可以抵御自控能力的缺乏。除了来访者自己对于有无自控能力的自我报告之外，注意来访者过去行为中曾出现的冲动控制问题也是十分重要的。如果来访者有言语爆发或争辩的倾向，这可能表明存在着冲动控制的问题。还有，那些在绝大多数时间内都过度克制情感，然而偶尔会完全失去控制的来访者则处于更高的危险中。最后，总要问到来访者过去是否曾经威胁过或尝试过伤害自己，还有没有亲密的朋友或家庭成员曾经尝试伤害自己。这些经历会增加危险。

对来访者是否有过伤害自己的企图要进行判断，确定来访者谈话或行为的方式是否表明了他们有意图伤害自己。一些来访者在伤害自己的执意中具有过激行为。这些来访者可能并没有仔细考虑过用什么方法伤害自己；事实上，他们已准备好利用可以结束生命的任何手段。认为他们有意图伤害自己只是一种保守的推测，他们在拼命地寻求自我毁灭。一般来说，咨询者对伤害自己意图的评价应分为没有、较低、中等和很高四个等级。不存在：没有伤害自己的想法或计划存在。轻度的：有伤害自己的想法，但没有特定的或具体的计划存在，几乎没有伤害自己的危险存在。中度的：有伤害自己的想法和一般的计划存在；自控能力完整，来访者有一些"活着的原因"，而且来访者没有"意图"伤害自己；有一定的危险因素存在。严重的：伤害自己的想法经常而且强烈；计划是特定的而且致命的，手段是可行的，几乎没有临近的援助资源；自控能力有问题，但是来访者并不是真正"想"杀死自己，意图看起来很低；可能存在着很多危险因素。极严重的：除了来访者表达了明确的一旦有机会就伤害自己的意图之外，其余的描述与"严重的"情况一样，通常存在着许多危险因素。

无助感程度的维度：无助感也是要考察的重要体验之一。从来访者的视角看来，无助感可能表明了一种情绪或想法，他们无法使自己变得感觉好过一点。当他们表达自己的无助感时，这可能是向咨询者的一种间接的求助。可能有更极端的、绝望的来访者认为没有任何人能够帮助他们，而且未来没有任何好的转变的可能。

绝望感程度的维度：来访者设计未来和提出计划的能力是判断伤害自己潜在可能性的一个重要标准。对未来感到绝望可能是比整体的抑郁水平更为精确的一个预测伤害自己危险的因子。伤害自己不太可能发生在一个相信未来还有希望的人身上。

价值感和罪恶感程度的维度：咨询者还必须了解个别来访者是否认为他们自己是毫无价值的，或者他们是否体验到了过度的有罪感。"正常的"或短暂的悲伤不可能包括过度的、持续的或反复的没有价值或罪恶的念头和感觉。如果有重大的绝望、无助、没有价值或罪恶的想法和感觉出现，咨询者应该确定这些想法和感觉持续的时间，出现的频率及强度。

（二）心理测试技术中的难点与要点

从心理测试的角度，没有专门的心理测试表来评估个体心理危机的程度和具体状态，一般都是通过抑郁、焦虑等情绪的程度来间接评估。最常见的是评价当事者的抑郁程度，用抑郁量表进行直接测评，根据抑郁程度，比如中度或重度来预判。如果没有心理测试的条件，如设备的缺乏或当事者配合度的问题等可以采取投射的方式来测试。比如，可以询问来访者感觉如何：悲伤、惊恐、快乐、绝望？可以给来访者一个1~10点的测试表，用1

表示充满希望，用10表示毫无希望，然后让他们自己评估希望的水平。也可以用心境亮度法，即可以让来访者用颜色来表示他的心境亮度，亮色为良好的心境、暗色为抑郁的心境。

三、采用标准的问题

大学生心理危机的评定标准问题：目前学术界并没有统一的、科学的危机评定标准，一般以“危机特征”取代评定标准，如从认知、情绪、身体和行为四个方面的特征判定心理危机。主要有三个方面的标准需要进一步研究：

大学生心理危机因子的归类。大学生心理危机预警体系是危机干预中非常关键的子体系，是一个监测个体状况、获取预警信息、分析预警指标、评价危机严重程度、发出危机警报的过程。只有发现并总结引起大学生心理危机的危机事件中的因子才能有针对性地发现和解决。

心理危机干预因子的筛选。大学生心理危机干预系统机制的建设，核心是要预设干预因子，这些因子的科学建立，就能有效地、有目的地构建相关工作体系。如危机干预方法、危机的社会支持、危机源因素、个体危机应对、危机干预预警、危机干预方式等。

大学生心理危机预警系统的构建。该系统的起点、过程、终点的设计和找寻，系统的构成、因素、维度都是需要深入实证研究的。

四、危机干预后的问题

无论用何种系统或方案，危机干预后的问题都不能忽略。

（一）确保安全策略

辨别处在高危状态的个人和人群；与高危状态学生的家长或监护人联系；让现场之外的支持人员提供情况；如果必要，在学校放学后，为家长或监护人提供热线电话联系；仔细记录所有的事件；考虑在学校放学之后为家长召开讨论会（论坛）；为高危状态学生提供继续心理支持做安排；要注意专业工作组成员是否领悟正在做的一切都要作为预后的关注点。

（二）必要的后干预

所谓后干预，是指在危机干预和应激管理完成后的某一个时间，要对当事人或相关人进行回访或调研，以进一步拓展危机干预的效果。因为真正有效的危机干预，不仅要帮助当事人解决当前的问题，更要关注危机与未来生活的关系。扩展性大学生心理危机干预是一个连续性、长期性的工作，心理危机干预机制中，一个重要的步骤是后干预，即强化效果的问题。心理危机干预后的学生暂时达到了心理平衡，但心理创伤的处理是一个长期的过程，有些创伤留给当事人是一种永久的伤害，随时可能反弹或爆发。大部分心理危机干预后的学生还面临着支持系统的恢复、心理状况的维护等问题。包括干预效果的跟踪评估，即对心理危机当事人的短期危机干预完成后，要在随后的一段时间内对当事人进行必要的监护和追踪观察，以预约咨询或随访咨询的形式，对学生的心理健康情况进行跟踪评估。这是确保当事人安全的必然要求，也可对干预策略和手段的可行性与有效性进行检查和总结。还要持续开展干预后的心理治疗和心理辅导。以心理咨询师和精神科医生为主，通过心理治疗和心理辅导帮助学生恢复创伤前的认知、感情和行为的功能水平，减少以后长期的心理风险，使他们可以用一种健康、适当的方式处理损失，结束危机的不良影响。

五、危机干预工作者自身问题与解决

和一般性危机干预相类似，在心理危机干预中，危机干预工作者由于自身的生活经验、情绪的成熟度、价值观、当下的心境等原因会在心理危机干预过程中存在一些问题。

（一）干预过程中

应尽量避免生活经验的消极影响，用镇静、接纳的态度，以同理、热情和真诚的方式建立“助人关系”。比如，鼓励当事人表达他的不同感觉；避免使用一些没用的话，如：“坚强一些”“你一切都会好的”，这样的话通常只会加重个体孤独的感觉；注意不同文化背景下的人在表达情绪上的不同特点；为学生、教职员和心理支持人员提供一些小点心（橘子汁、饼干等）。通过这些来强化自身的职业感，建立职业自信，进而取得助人效果的最大化。

（二）干预效果的影响

很多时候，由于当事人的个体差异，专业的干预未必都能取得很好的效果，个别危机工作者就会出现困惑、挫折、愤怒、威胁、无能、缺乏自信等感受。这时应取得其他专业人士的支持和协助，尽快恢复专业性。如与当事人匹配度过低，应考虑做辅助工作。

（三）干预后的调节

在心理危机干预过程中，接受心理危机干预的人本身就是应激创伤的二级人群，不可避免地在经历心理干预后心理上会受到一定的影响。这时要及时引入督导，帮助心理危机干预的人进行心理调节和恢复。

高校大学生心理危机干预是一项非常有意义的研究，也是一个全新的研究领域，更具深刻的实际意义。它包含心理危机的理论、个体的自我认知、心理危机预防与干预的具体策略、社会支持系统、危机中的自我成长等方面。因此，高校心理危机干预是具体而专业化程度要求较高的工作，健全的心理干预机构、有序的心理干预机制、专业的心理干预工作队伍以及完备的善后处理系统都是不可或缺的。要在充分了解大学生心理危机发生的规律、准确掌握信息的基础上，有效地进行危机预警和危机干预。

六、大学心理危机干预和应激管理三级处理预案

校园危机事件是指发生在校园中的对个体或者团体产生足够大的压力而超过他们应对能力极限的冲击性事件。为了对危机事件中的个体或团体提供及时有效的干预和帮助，预防危机扩散，降低危机后果，保障学生的生理和心理安全，维护学校的安定和谐，特制订本方案，对危机事件的科学处理即危机评估、处置方案与流程予以说明。

（一）实施条件

危机事件评估分为三级：

一级危机：可能处于心理危机的学生；

二级危机：可能出现严重心理障碍或精神病的学生；

三级危机：将要或已经出现伤害自己或他杀等恶性事件的学生。一旦出现上述危机，立即启动本方案。

（二）组织机构

成立大学生心理危机干预工作小组，负责危机干预具体方案的制订及应激管理的组织、协调、指导工作。

（三）一级危机干预方案

1. 干预对象

可能处于一般心理危机的学生。

2. 工作流程

第一，如果发现该类学生首先应及时通知心理中心。

第二，心理中心负责初步评估。接到相关信息后应立即采取合理途径约访学生本人或向有关人员了解必要信息，做出判断，并有针对性地开展工作。

第三，如果程度较轻，通过心理咨询和辅导可以解决的，由心理中心提供心理帮助和支持，制订辅导方案开展多次辅导直至缓解。

第四，心理中心在对该生开展心理辅导和治疗的同时，要在不违背工作原则的前提下以适当的方式指导学生所在院系关注其生活和心理动态，保持有效沟通。

第五，如果学生程度较重，应转入二级干预系统，同时上报校工作小组。

（四）二级危机干预方案

1. 干预对象

可确诊的患有抑郁症、躁狂症、精神分裂和有伤害自己倾向的学生。

2. 工作流程

第一，如果是心理中心值班老师在工作中发现的情况，要第一时间通知负责人；如果是其他部门或个人发现的要第一时间通知心理中心。

第二，由心理中心采取合理途径约访学生本人或以适当方式向有关人员了解必要信息，做出初步判断，经组织相关人员会诊确定后上报校工作小组并通知学生处、医院及学生所在院系。

第三，由学生所在院系第一时间通知家长，由家长将学生带离学校治疗或休养。在家长未到校前，由对应院系做好监护工作，保证本人及他人的安全。

第四，如果家长拒绝将学生领回，学生所在院系必须与家长一同将学生送至相关医疗机构，并遵医嘱治疗。

第五，如果家长对学校反映的情况和建议不予采纳，不配合，不到场，有关经办人员要保留电话录音等相关证据。酌情采取必要的安全措施护送学生回家或送学生入院治疗。

第六，学生入院或回家后，由辅导员办理住院（家长不在时）、休假或休学手续。

（五）三级危机干预方案

1. 干预对象

将要和已经实施伤害自己、伤人等暴力行为的学生。

2. 工作流程

（1）对将要和正在实施伤害自己、伤人等暴力行为的，采取下列干预方式：

第一，无论任何个人和部门一经发现必须迅速向保卫处、学生处、心理中心、学生所在院系及校工作小组的其他部门或人员报告，同时报“110”。

第二，接到报告的任何个人或部门负责人无特殊原因必须第一时间赶到现场，采取一切手段制止伤害自己、他杀等行为，对当事人进行应激干预，同时上报校工作小组。

第三，迅速展开调查，弄清情况，由所在院系第一时间通知家长。在家长未到前，由所在院系做好监护工作，确保本人及他人的安全。

第四，家长到校后，请家长将学生领回家庭所在地相应医疗机构或就近在学校所在地的医疗机构就医，或参照二级干预工作流程中同类情况的处理办法。

（2）如伤害自己、暴力等行为既遂时，采取下列处理方式：

第一，迅速通报。任何个人或部门如果发现或得知此类危机，应迅速通知保卫处、学生处、心理中心或工作小组的其他任何一个部门或人员。同时保护现场，拨打“110”或“120”。有关人员要第一时间通报主管校长。

第二，由所在院系通知家长，并做好家长的安抚工作和家长来到后的服务工作。

第三，心理中心要对家属和辅导员、相关学生做创伤恢复。同时了解亲属对事件的态度，并及时报告给工作小组。

第四，保卫部门要协助公安机关维持现场秩序，完成案由鉴定及配合公安部门做好相关证据的采集和保存。

第五，做好通过法律途径解决问题的准备。成立法律事务组，收集和整理相关证据。

第六，固定宣传机构，统一对外宣传口径。由学校指定新闻代表接受媒体的采访，其他人不可随意接受采访。

第七，密切关注学生的思想动态，学生处和有关院系要关心和关注学生的反应和思想动态，选择合适时机要向学生澄清事实，避免新的不稳定因素出现，引发新的危机。

第八，校工作小组指定专人与家长商谈善后事宜。

第九，开展事后辅导工作，为相关人员进行创伤治疗。

第十，资料的整理和总结。相关院系要收集相关信息和资料，并将整个事件经过整理形成报告上报学校和存档；心理中心要总结分析案例的特点和心理成因、干预情况和效果、跟踪方案等。

第八章　基于网络环境的高校心理健康教育策略

第一节　基于网络环境的高校学生心理健康教育模式的构建

一、高校学生心理健康教育网络模式构建的现实意义

（一）重视和加强大学生心理健康教育网络模式是时代的迫切需要

其实，对大学生而言，如果从更加深刻的一个层次去理解，他们很多心理问题的产生总是离不开一些外界的因素，比如社会文化、时代背景和外在的环境因素等，他们的心理问题和这些因素紧密相关。当代大学生正处于一个社会变革的关键时期，随着社会科技、经济和信息技术的飞速发展，社会环境日益复杂，这一系列社会变革加剧了大学生在思想观念、行为方式上的变化。

在当今这个日益变化、迅速发展的现代社会，快节奏的生活和残酷的竞争给大学生的心理带来了极大的压力和冲击，因心理问题导致人格出现偏差乃至引发犯罪的事例正呈上升趋势，大学生的心理疾患变成了亟待解决的突出问题之一，因而加强大学生心理健康教育势在必行。

然而，传统的高校大学生心理健康教育模式无法满足时代对心理健康教育的需求。传统的大学生心理健康教育主要是教育者根据学生心理发展的特征和生理上的特点，结合教育学、心理学相关的知识和理论，通过开展心理健康教育课程、心理辅导、心理咨询和优化心理健康教育环境等有关心理健康教育的途径和方法，帮助大学生学会解决自身成长过程中遇到的心理问题，促进学生心理素质提高和心理机能健康发展。大学生心理健康教育模式运行的基本形式是在教育教学的全过程中进行渗透，主要是开设专门的心理健康课并开展心理辅导与咨询活动，基本上是以教师“教”为主，把教育过程变成了单纯的“知识继承”的加工过程，虽然能够在较短时间内让学生掌握系统、扎实的心理学的理论和概

念，但该模式忽略了学生自主学习的主动精神，把心理健康教育过程变成了教师表演的舞台，而学生则成为观众，处于比较被动的地位，这样肯定难以达到比较理想的教学效果，更不可能培养出心理健康教育方面的创新型人才。然而，基于网络环境下的心理健康教育模式，不仅继承了传统教学模式中教师指导作用的优点，利用网络教育平台，为学生提供丰富的心理健康学习资源，而且又克服了传统教育中“复制有余，创新不足”的弊病，加强了学生自主学习、创新思维的培养，将心理健康教育过程变成了师生交往互动的舞台，变成了引导学生探究心理学知识，培养心理能力的场所，顺应了素质教育发展的需要。

因此，利用网络的灵活性、生动性和互动性等特点，开发大学生心理健康网络教育平台，在自由、平等、开放的网络环境中引领大学生形成健康的认知、情感、道德情操，建设高校心理健康网络教育主阵地，对大学生心理健康发展有很深远的意义，是时代发展的必然要求。

（二）构建大学生心理健康教育网络模式是全面推进素质教育和培养全面发展创新人才的迫切需要

高校担负着培养现代社会高素质人才的重要使命，大学生心理健康教育是影响高校人才培养工作成败的重要因素之一，而大学生网络心理健康教育对大学生整体心理健康水平的提高又起着关键作用。所谓高素质人才，不仅要有良好的文化道德素质、身体素质，而且要有良好的心理素质。良好的心理素质直接关系到人才自身的质量，直接影响到人才各种能力的培养和开发。因此，良好的心理素质是成为高素质人才的重要基础。一个民族，没有振奋的精神和坚强的意志，不可能屹立于世界民族之林；一个人，没有振奋的精神和坚强的意志，不可能成为符合现代社会要求的高素质人才。许多事业失败、人生遭遇挫折的人，很少是因为能力素质的原因，而往往是心理意志脆弱，在困难面前不战而屈。心理素质在人的基本素质的获取或形成中起着关键的作用，因为良好的心理素质是培养其他素质的基础，良好的心理素质可以促进其他素质的形成。因此，大学生心理健康教育工作越来越受到社会的重视，重视和加强大学生心理健康教育是全面推进素质教育和培养创新人才的需要。

在信息网络时代，大学生心理健康教育需要不断创新，需要与时俱进，应利用网络优势，建立网络教育平台，提高大学生心理健康教育的效率，使大学生的素质和能力得到全面发展。因此，重视和加强大学生网络心理健康教育是与时俱进地推进素质教育的必然要求，也是培养全面发展创新人才的迫切需要。

（三）构建大学生心理健康教育网络模式是以人为本，满足学生成长成才的迫切需要

以人为本是构建大学生心理健康教育网络模式的核心理念。以人为本的大学生心理健康教育网络模式是以提高学生的心理素质、增进学生心理健康、培养学生健全人格、促进学生全面发展为目标，根据学生的心理发展特点，运用心理学的理论和技巧，统合校园网络信息技术，开展大学生心理健康教育的系统。构建以人为本的大学生心理健康教育网络模式符合现代教育理念。按照现代教育理论的观点，教育的核心问题是人的问题。在这里的“人”，绝对不是一个抽象的概念，而是一个感性的、真实存在的人。在教育中，人的问题的实质应该是关于人如何存在、如何生活、如何去探寻和建构人的生活的问题。从这个意义上说，大学生心理健康教育网络模式构建的灵魂在于对大学生的关注，以大学生为根本，并且要融入大学生的生活、成长、成才的每一个过程之中。构建以人为本的大学生心理健康教育网络模式是培养高素质人才的迫切要求。高等学校担负着培养现代社会高素质人才的重要使命，而大学生心理健康教育网络模式的构建对大学生整体的心理健康教育效果的提高又起着非常重要的作用。高素质人才，不仅要有良好的文化道德素质、身体素质，而且要有良好的心理素质。在人的素质结构中最基础的素质就是心理素质，它渗透在其他素质之中，对其他素质的发展产生影响和制约。从人才学的观点来讲，心理健康是学生成才的基础。作为现代社会的一个年轻人，如果没有一个健康的心态，没有较强的心理承受能力和较高的心理素质，就很难立足于社会。因此，高校应站在时代发展的高度，遵循科学发展观的要求，构建以人为本的大学生心理健康教育网络模式，做好心理健康教育工作，促进学生全面发展。

构建以人为本的大学生心理健康教育网络模式是大学生健康成长的迫切需要。从发展心理学的角度看，在校大学生正处于人生发展阶段的成年初期。在这一时期，大学生在人格上将逐步完成从青年向成年人的过渡和转变，从而建立起自己的稳定的人格结构；在心理上和经济上将逐步脱离对父母和家庭的依赖，从而走向成熟与独立。大学生在成年初期会面对各种发展的机遇，同时也要面临各种人生的课题。如：怎样对待挫折和困难、如何适应社会环境、如何调整人际关系、如何改变不良心态等，这些问题必然会给大学生带来各种矛盾和困惑，比如悲观、苦恼、失望喜悦、兴奋等，并且这些情绪会一直伴随着大学生的成长而存在。这样，就从客观上决定了当今高校必须认真分析影响学生心理健康发展的各种因素，主动关注学生的心理健康，努力提高学生的心理素质，构建以人为本的大学生心理健康教育网络模式。

（四）构建大学生心理健康教育网络模式是加强和改进大学生思想政治教育工作的迫切需要

在高校德育工作中，大学生心理健康教育工作是重要组成部分之一，是加强和改进大学生思想政治教育工作的重要任务。

心理健康教育和思想政治教育工作分属于两个独立的学科，心理健康教育主要是运用心理学的专门知识和技术，解决心理问题，维护心理健康；思想政治工作则主要诉诸人们的思想实际，帮助人们树立正确的世界观、人生观、价值观，树立崇高的理想和坚定的信念。虽然两者的工作侧重点和具体的操作过程都存在一定的差别，但随着网络时代的来临，网络在两者中的广泛运用，使得两者的关系逐渐紧密起来，形成了相互依赖、相互促进的格局。实践表明，大学生良好的思想政治品质的养成和健康心理的形成有着十分紧密的联系：一方面，良好的思想政治品质是塑造健康心理的基础，个性心理发展的方向要受到主体思想的支配；另一方面，好的心理状态是接受思想政治教育的前提，个体的思想养成受个体的心理发展的影响和制约。也就是说，外在的思想政治教育能否内化为大学生的自身需要，主体的自我意识、情感、性格等心理素质和心理状态起着决定和调控作用。然而，这种思想政治教育内化所需要的心理基础，不是思想政治教育自身所能完成的，它需要心理健康教育的支持和协助。研究表明，人们的思想意识、道德品质问题与心理问题往往是同时存在，思想问题和心理问题经常是你中有我、我中有你，解决思想问题必须与解决心理问题结合起来。因此，在对大学生开展心理健康教育的过程中，可以同时对大学生进行思想政治教育，发挥心理健康教育的德育功能。

大学生网络心理健康教育网络模式的构建，是有效提高心理健康教育实效性的重要技术手段，属于心理健康教育模式的拓展应用研究，所以构建大学生心理健康教育网络模式同样与思想政治教育工作紧密联系，是高校德育工作的重要组成部分，这就必然要求在加强和改进大学生思想政治教育工作中重视和加强大学生心理健康教育网络模式的构建。

二、高校学生心理健康教育网络模式构建的基础与依据

（一）大学生心理健康教育网络模式构建的意义

大学生是整个社会最富朝气、最具创造力和生命力的群体，是祖国的未来、民族的希望。随着科技的飞速发展和社会竞争的加剧，个体的生存压力越来越大，与此相伴，大学生的生理和心理问题也越来越多，给他们的成长带来的影响也越来越大。因此，重视大学

生心理健康教育，已经成为当今世界各国教育发展的共同课题，也成为我国学校教育的必然趋势。

目前，我国各高校很多都已开展心理健康教育，但教育模式单一，成效不尽如人意。这也是目前普遍存在的心理健康教育的难题。现行的大学通行的教育模式不适合心理健康教育，并不是说传统的教育模式是落后的，因为这种教育模式在目前高校的学科教育中收效还是比较好的，但是对于大学生心理健康教育来说，现行的教育模式有它的局限性，具体表现在以下几个方面：

首先，现行的教育模式的重点是放在课程、学科设置、校园文化建设、师资队伍建设、提高学生研究创新能力等方面，强调学生的“学”。但是心理健康教育仅靠学生学是行不通的，需要教师与学生共同努力。心理健康教育的许多知识是书本上难以找到的，需要教师通过自己的知识底蕴及丰富的社会阅历帮助学生，才能使学生有较好的学习效果。其次，教育的内容更多地体现为理论层面上的东西，而真正属于操作层面的内容比较少。心理健康教育目的是通过对心理学相关知识的认识来更好地提升自己的心理素质，对心理知识认识的飞跃并不是掌握了足够的知识就可以的，是需要通过持续的实践经验才能实现的。最后，现行的教育模式基本上是通过考试的形式检验学生的学习效果，但心理健康教育不能通过这种考试的形式考核检验效果，对心理学知识的掌握并不是心理健康教育的目标。

以上可以看出，当前大学生的心理成长有不同于以前大学生的特点，而且心理健康教育不同于一般的学科教育，现行的教育模式并不适应时代的发展和要求。因此，根据心理健康教育的特点，构建大学生心理健康网络教育模式，对落实心理健康教育并取得真正的实效，减少目前频频出现的大学生伤害自己、抑郁、情感冷漠等现象，帮助大学生健康成长，以及改变我国在心理健康教育领域研究相对薄弱的现状，有重要而深远的意义。

（二）大学生心理健康教育网络模式构建的理论基础

大学生心理健康网络教育模式属于一种创新的教育模式，核心在于“德心共育”的教育理念，重点在于教育模式的构建与运行，现实依据是当今大学生的心理接受特点，而其实现教育目标的理论根基源于接受机理理论。从学理和内在逻辑上看，构建大学生心理健康教育网络模式，应在“德心共育”的教育理念指导下，深刻剖析当代大学生的心理接受特点，综合各方面相关学科的知识，形成全面、合理的学理基础，为大学生心理健康网络教育模式的构建树立坚固的理论基石。

1. 德心共育的教育理念

“德心共育”，即德育与心育相融合。“德心共育”的内涵是：在开放的教育环境中，以发展教育思想为主导，整合各种教育资源，既灵活运用德育的方法，也巧妙借助心理学的原理、方法和手段，解决德育工作中的困惑与难题，将德育与心育科学地结合，兼而施之，相互借鉴、互为转化，寻求最优化的“交融和渗透”。“以德养心，以心存德，德心共育，德心交融”，是德心相融的理想境界。德心相融，最终形成德心美，较好地体现了以人为本思想，是一种至善、至真、至美的教育。

实现德育和心理健康教育的双向结合应做到：

第一，德育应从心理健康教育中汲取有益的成分，融入自己的工作中，为“我”所用。具体说来，一是德育应真正将学生心理品质的培养作为自己的目标和内容之一，把心理健康的相关内容看作德育工作目标和内容合理地扩张与延伸，使德育工作在关注社会对个人的政治、思想、行为规范方面的同时，更加重视学生最一般、最基本的心理需求。德育工作者应更新德育观念，充分尊重学生在品德形成中的主体地位，少一点说教，多一点心理健康教育的理念，为有效实施道德教育提供良好的心理背景。二是可以从心理健康教育中移植一些方法作为德育工作的新途径，来提高德育工作的成效。

第二，心理健康教育应该依靠德育为学生引导方向。心理健康教育应主动地在心理健康教育实践中渗透正确的世界观、人生观和价值观，从而使学生的心理健康发展既有更坚实的后劲，还要通过丰富的德育实践来增强学生的心理承受能力，磨炼意志品质，从而提升学生的心理素质。德育实践不仅能考验学生的道德水平、法律意识及思想境界，还能从学生的道德评价与矛盾冲突中锻炼他们的心理调适能力。

第三，应把“健全人格”的构建与培养作为德育与心理健康教育有机结合的最佳“切入点”。这是因为：首先，健全人格的构建和培养是德育与心理健康教育的共同目标。心理健康教育的根本目的在于形成健康的人格模式，而德育的最终目的是培养出具有符合社会要求的高尚情操，又具有主体意识、健全人格和个性才能的人。其次，通过健全人格的构建与培养，通过对大学生进行人格教育，可以把道德认识、道德情操、道德行为统一协调起来。其实，人格健全是个体心理健康的核心，而良好的道德品质的形成过程实质上也是健全人格的形成过程。

2. 接受机理理论

大学生对于心理健康教育网络模式接受的大脑运行机理可做以下解读：

反应状态。大学生主体的感觉系统，对网上的心理健康教育信息做出的大脑反应，移入人脑，是外来信息在主体意识中形成相对应的观念形象，这是接受活动的起始环节，是网络上的心理健康教育信息接收的准备阶段。

接受状态。大脑把外来的心理健康教育信号所具有的物理能量转化为思想信息予以接受，但并未涉及思想信息的潜在意义，并未注意其信息意义的不确定性。接受状态受其心理准备状态的影响。

解读状态。对已接受的思想信息，做出自己的解读，这是对外来的心理健康教育信息的对应状态，这是由感性反应向理性反应的过渡，即产生第一印象。对心理健康教育信息的解读，受到以需要和认知为基础的双因素影响。

筛选状态。这是接受、解读后对心理健康教育信息的分解、选择过程，是大学生主体的理性反应。大学生主体根据对心理健康教育信息的解读与自身的需要，对心理健康教育信息进行甄选、过滤，进入思想库。每个人各有不同的甄选标准。

整合状态。即对心理健康教育信息的容纳、加工与整合，进而产生自己思想的重构过程。只讲新的心理健康教育信息的获得，而忽视新知与已知的整合、重构，则心理健康教育的信息接收难以到位。一般说，只有外来心理健康教育信息与已有知识产生谐振，在思想组织规律的作用下，才能产生对自身心理状况的新知。

化解状态。心理健康教育信息经过加工整合，转化为自己新的思想认知结构以后，接受活动并未停止，后续接受活动仍在进行。一是内化，经过接受者的自省、反思过程，内化为情感，融入意志、信仰等主体意识，使认知深化，出现稳定性的思想状态。二是经过社会生活的验证，转化为社会行为方式，在劳动、交往、生活的各个方面表现为行为习惯，转化为接受新知的预备状态。三是外化，融入人群、社会，影响周围人，扩散为社会意识和行为，表现为新的思维释放与吸纳。

（三）大学生心理健康教育网络模式构建的实践基础

目前，我国各个高校心理健康教育的网络化正处于良好发展的态势，心理健康教育的理念在各个学校的校园网络平台中都得到了很好的体现：学校为广大学生的全面发展提供了良好的网络环境，营造了积极健康的氛围；几乎所有的大学中都设有专业的心理健康教育的网站，有专业的心理咨询人员，很多高校还有学生自发组织的网络心理社团，用来帮助心理方面有困惑的同学；在网络课程设置方面，包括思想政治理论课及其他课程中，都涉及这一方面的内容，学校在各种场合都会强调生命、实现人生价值的重要性。这为我们开展大学生心理健康教育网络模式创新奠定了很好的基础。

但是，不可否认的是，由于我国网络信息技术的发展起步较晚，目前我国高校在利用网络进行心理健康教育的过程中还存在不少问题：第一，网站的更新速度慢，更新较快的也是一两个月更新一次；更有的从建立网站到后来，几乎没有内容的更新。如今的社会，生活和工作的节奏越来越快，要是大学生心理健康教育网站上总是摆着那些陈旧的内容，跟不上时代发展的步伐，这样的心理健康教育网站形同虚设，很多学生有问题不能及时得到解决，也会带来非常严重的后果。第二，互动性不足，教育形式单一。在部分高校心理健康教育网站中，有着比较完善的整体框架，有较多的网络教育板块，比如：心理测验、心理论坛、网上心理咨询、留言板等。这些板块在表达形式上很单一，多以纯文本形式存在，只有少量的音频影视资料等网络教育形式比较吸引人，但是这些多媒体的形式很少，这样就使学生觉得枯燥无味，降低了网站的访问量。第三，网站内容不全面，没有联系实际。从心理健康教育网站的板块分布上看，整体的感觉是内容不少，但是对学生真正有价值的信息却不多。心理健康教育网站大部分的重点知识向学生们提供一些关于心理学方面的理论和概念，以及心理咨询的案例和心理疾病的预防等，很少涉及大学生重点关心的问题，如：学习、人际、情感与情绪、择业与就业等。

（四）大学生心理健康教育网络模式构建的现实依据

1. 大学生接受心理的独立性增强

随着社会主义市场经济的发展，人们逐渐由“单位人”变为“社会人”，这些都潜移默化地增强了大学生自主、自立、自强等意识，随着我国的民主法制建设，特别是基层民主的推进，大学生的民主意识不断增强，思想活动的独立性进一步强化。因此，在对大学生进行心理健康教育时，必须尊重大学生的个性，采用大学生能够接受和喜欢的方式与途径，利用网络丰富的表达方式，引导大学生学会关心自我、关心他人、关心自然、关心社会，热爱生命，理解生命的意义，提高心理素质。

2. 大学生接受心理的多变性

人的思想从来就不是一成不变的，总是随着社会实践的改变而改变，在社会转型的活跃时期，思想活动的变化则显得尤为突出。当前大学生思想活动的多变性，也是符合这个时代特征的。在利用网络对大学生进行心理健康教育时，必须保持敏锐性、洞察力和针对性，随时关注大学生心理变化的最新动向，及时洞察苗头性的问题，以科学的预测性和网络多种传播渠道去适应大学生思想活动多变性的特点，引导大学生随着社会实践的深化，不断补充、修正、丰富自己对于自身心理发展的认识，使大学生的世界观、人生观、价值观向积极、健康的方向发展。

3. 大学生接受心理的选择性增强

随着现代科技的发展，信息传播工具和传输手段越来越多，现代传媒加上传统传媒，为大学生提供了大量的信息，形成了一个巨大的信息“买方市场”。随着大学生生活独立性的增强，这种选择表现为一种自主性的选择。直接影响大学生信息选择的因素，一个是大学生的接受心理，一个是被选择对象的吸引力。大学生思想活动选择性的特点，对心理健康教育的工作提出了更高的要求，需要心理健康教育工作增强“阵地”意识，一方面要研究大学生的接受心理，利用现代科技手段增强各渠道信息的吸引力；另一方面对一些会导致大学生产生错误观念和认识的信息进行果断而有效的遏制，以减少这些负面信息的影响。

4. 大学生接受心理的非理性凸现

非理性是指对问题缺乏理性的思考，对任何事物抱一种无所谓的态度，不讲原则，或者在处理问题时易冲动，喜欢感情用事，情绪处于一种浮躁的状态。在社会经济发展处于转型期的大背景下，青年大学生的心理情感受到极大的压力，容易产生强烈的孤独、焦虑和不安情绪。这就要求心理健康教育工作努力提高教育和引导的质量，通过预防教育，提高大学生的自我保护意识和生存能力，提升他们的心理素质，防范可能发生的危害；同时，对已经出现问题的学生，给予科学、有效的心理干预。

第二节　基于网络环境的高校学生心理健康教育策略体系的构建

一、基于网络环境的大学生心理健康教育策略体系

通过实践和研究，本书构建了一套以基于网络环境的大学生心理健康教育原则为指导、以心理健康自主维护为核心的大学生心理健康教育策略体系。

让大学生学会自我保健，提高大学生心理健康的自主维护能力是大学生心理健康教育的最终目的和要解决的核心问题。基于网络环境的大学生心理健康教育策略要在“五结合”，即基本原则、预防性原则、发展性原则、灵活性原则、主体性原则的指导下，建立并完善大学生心理健康教育机构，培训专兼职大学生心理健康教育师资的心理健康教育业务技能和多媒体网络技术，开拓心理健康教育的新途径，积极开展网络心理健康教育，并使新媒体渗透于心理健康教育各个环节，优化心理健康信息资源、净化网络环境，加快高校校园网心理健康与咨询管理系统建设，延长在线心理咨询服务时间，开展大学生心理健康教育多媒体课堂教学和网络教学，促进大学生心理健康知识的获取，进而提高大学生心理健康自主维护的能力。

二、基于网络环境的大学生心理健康教育策略应用效果

（一）拓宽了大学生心理健康教育的服务面

采用网络心理健康教育途径，实施资源优化策略、网络服务策略、多媒体教学和网络教学策略、心理健康知识获取策略、心理健康自主维护策略等，极大地拓宽了高校大学生心理健康教育的服务面，大大提高了工作效率。具体表现在：大学生心理健康教育的服务由面向少数有困惑的学生扩大为面向全体学生（即任何在校大学生都可以申请校园网使用账号，于任何时间、任何地点的网络端都可以共享网上的心理健康服务）；由重障碍咨询变为重发展咨询（网络的海量信息几乎囊括了大学生心理发展过程中遇到的所有问题的相关知识、测验、诊断及化解途径、治疗方法等）；由校内服务扩大为校外服务（只要不加限制，某高校的心理健康教育网站不仅可以为本校大学生提供服务，而且可以为全国各高校大学生所共享）。真正实现了任何大学生、任何时间、任何地点随时可以享受大学生心理健康教育服务。

（二）提高了大学生心理健康自我维护的技能

实践中采用了多媒体教学，并采用 E-mail、Blog 进行课后辅导答疑，向学生推荐优秀的心理网站、精选网上心理健康信息分类放在 Blog 上供课堂教学和学生课后学习之用。心理 Blog 的信息主要包括心理知识、心理故事、心理案例、心理电影、心理音乐、心理测试、心理幽默等。

通过多媒体教学和 E-mail、Blog 辅导答疑，学生学会了对于心理困惑可以自主到网上寻求心理健康知识、做心理诊断测验、用心理 Blog 或心理论坛，进行倾诉、收集对自我心理健康有帮助的信息放在自己 Blog 上反复学习，直到问题解决为止。

互联网为大学生呈现了一个五彩斑斓、无所不包的信息世界，网络已成为大学生活不可或缺的部分。而网络是把“双刃剑”，网上信息良莠不齐、难以控制，如果能够引导学生很好地利用网络的优势，将会促进大学生学业进步和心理健康成长；否则，大学生极易受网上不良信息的侵害，导致一系列网络性心理障碍。面对极其复杂的网络环境，开展大学生心理健康教育策略研究是防止网络负面影响、引导大学生利用网络优势增进心理健康的迫切需要。

大学生心理健康教育是一项复杂的系统工程，有些策略是高校可以完全实行或部分实行的，如：大学生心理健康教育师资培训策略、课堂教学策略、知识获取策略、心理健康

自主维护策略等。而有些策略仅靠高校单方面力量，实施难度较大，如：大学生心理健康教育机构建设策略是全国性的大工程，涉及面广，建设难度较大；心理健康资源优化策略既需要高校的努力，更需要政府和全社会的长期努力。对于大学生心理健康自主维护能力的评价问题，目前是采取课堂教学评价的办法，课程结束后如何评价还有待进一步的研究。

第三节 网络环境的特点及其对高校学生心理健康教育的影响

一、网络环境的特点

网络是由计算机技术和通信技术相结合而成，它是把处于不同地理位置、具有独立功能的多台计算机、终端及其附属设备、通信线路联结起来，并配备相应软件以最终实现资源共享的通信系统。互联网的主要环境有：万维网，电子邮件，网络新闻组和电子公告牌，同步聊天室，多用户泥巴游戏，图示世界，互动的影像和声音，等等。本文所指网络环境主要是指互联网与校园网。所谓互联网，即国际信息互联网络，特指集通信网络、计算机、数据库和日用电子产品于一体的电信交换系统；它能使每个用户随时随地地将文本、声音、图像等传递给设有终端设备的任何地方、任何个人。校园网指各学校自主建立的局域网。从网络技术的角度来说，网络具有数字化、信息化、无中心化、高效化、多媒体化、全球化的特点。从网络社会的角度来说，其主要特征有：信息传输的互动性、网络时空的虚拟性、网络行为的匿名性、共享资源的丰富性、价值观念的多元性、利益主体的多样性等。从作为大学生心理健康教育的环境来看，网络环境具有以下特点：

（一）信息交流的互动性

交互性是网络的主要特点之一。网络信息一改以往书籍报刊等印刷信息和广播电视等电子信息的单向传递方式，也具备电话必须同步的双向交流方式，网络信息一般具备双向传递功能，即用户在接收到相关的网络信息后可针对该信息随时向该信源提供反馈。互联网的实时互动和异步传输并举的技术结构彻底地改变了信息的传播者和接受者的关系。任何网络用户既是信息的接收者，同时也可以成为信息的传播者，并可以实现在线信息交流的实时互动。

（二）交流空间的虚拟性

互联网的存在状态是无形的，在网上的交流中，人们看到的及听到的文字、形象、声音和场所都变成了数字的终端显现，形成了另外一个时空概念电子网络空间或赛博空间，而非现实的人际物理空间。网上交流的角色、内容、网际关系等都具有虚拟性，交往主体隔着“面纱”，除非你告诉对方或对方告诉你实情，否则交流对方的一切真实信息，你无从知道，只能得到华丽的网络包装，因而网上是一个充满幻想的虚拟世界。

（三）信息传播的开放性、广泛性

互联网是一个四通八达、没有边界、没有中心的分散式结构，体现的是自由开放的理念和堵不住打不烂的设计原则。任何人只要拥有一台计算机和简单的上网设备，就可以接入互联网，向世界发布信息，传播自己的观点和理念，同时也可以选择自己喜欢的信息和内容。在这里，信息跨越了时空界限，实现了自由流动。

计算机网络与通信网的结合，可以使众多的个人计算机不仅能够同时处理文字、数据、图像、声音等信息，而且还可以使这些信息四通八达，及时地与全国乃至全世界的信息进行交换。

（四）信息服务的直接性

网络追求高速度、高可靠和高安全性，采用多媒体技术，提供文本、声音、图像等综合性服务。多媒体化的信息、突破线形限制的超链接方式、网上各种资源的共享，让用户可以通过搜索引擎和智能代理在网络终端随时随地获取信息，不需要任何人、任何组织机构的中间转手，而且网络多媒体信息直接冲击着人的两大主要感官：视觉、听觉，很容易在用户个体身上直接发挥作用。

（五）网络服务时间的全天候

网络不知疲倦地每天 24 小时地工作，不分节假日上下班，超越了时空限制，在任何时间段都可以从网络上共享海量的信息。即只要网络硬件运行无故障，网络环境中的心理健康教育信息随时都可以向所有人开放，全天候提供丰富的心理知识、心理咨询、心理测验、心理调节音乐、心理电影等服务。

二、网络环境对大学生心理健康教育的影响

网络是大学生的新宠，网络广泛的、丰富的信息资源，快速、便捷的互动方式向大学

生学习和生活的各个方面迅速渗透，变革着大学生心理健康知识的获取方式和心理健康维护技能的养成方式，丰富着心理健康教育的内容，对大学生心理健康教育的师资队伍素质、课堂教学手段提出了更高的要求。网络已渗透到社会生活的各个领域，包括高等教育领域，从而对大学生心理健康教育产生了深刻的影响。

（一）网络环境对大学生心理健康教育途径的影响

传统环境下，大学生心理健康教育途径一般是开设课程、举行讲座和报告、开展心理咨询活动。传统的心理健康教育主要是在固定的时空中以书籍媒介为载体，以教师的口头讲述为方式来进行的，信息传播的范围极为有限，速度比较缓慢，大学生也不可能根据自己的需要选择学习内容。网络环境下，互联网拓宽了大学生心理健康教育的途径，除开设相关课程、举行讲座报告、设咨询室开展现场心理咨询外，更要进行网络心理健康教育，在线心理咨询，建立心理健康教育专门网站，充分运用网络技术手段和网络信息开展大学生心理健康教育。例如，交互性是网络的最突出的优势，交互性使得心理健康教育突破了传统心理健康教育的时空限制，只要心理咨询师和学生双方与互联网络相联通，就可以实现及时的对话，且不需要考虑地理位置。这种灵活、快捷的心理健康教育方式，为由于种种原因不愿在大众场合公开自己内心的秘密，但又想获得心理帮助的大学生提供了一个交流平台。

（二）网络环境对大学生心理健康教育工作机构的影响

1. 教育环境的复杂化呼唤独立的大学生心理健康教育机构

目前，综合性高校成立的大学生心理健康教育中心，或者是心理咨询室，隶属于学生工作部（处）或者隶属于德育部门；高等师范院校的大学生心理健康机构多设在教育科学院心理系（所）、心理院（系）。有的作为行政机构，有的作为德育机构，很少作为教学、研究机构。机构不独立，责任不明确，不能满足网络环境下大学生心理健康教育工作的需要。而网络信息的庞杂性、网络世界的虚拟性，以及一些不健康网站的出现，导致了教育环境的复杂化。这就要求高校必须将大学生心理健康教育工作放在重要的位置，设置独立的大学生心理健康教育机构，加强大学生心理健康教育工作。

2. 大学生心理健康教育中心的职责向网络教育延伸

大学生心理健康教育中心（咨询中心）有从事网络心理健康教育的责任，高校现代教育技术中心有协助心理健康教育中心（咨询中心）提供技术服务的责任。两机构的职责交叉延伸在网络大学生心理健康教育领域。大学生心理健康教育中心的职责由开展传统教育环境下的大学生心理健康教育向网络大学生心理健康教育领域延伸。

（三）网络环境对大学生心理健康教育师资队伍信息素质的影响

1. 网络环境对大学生心理健康教育师资队伍信息意识的影响

传统的大学生心理健康教育信息是静态的、平面的、有限的，主要以单一的文字载体，存储在教材、教参之中，教师通过文字加工将之转化为口头语言，向学生进行“说服”“说教”“引导”“论证”等。而网络环境的介入，使大学生心理健康教育信息变成了动态的、立体的、海量的，以声音、文本、图形、图像、录像等多媒体载体形式存储在网络之中，教师通过文字加工及多媒体加工将之转化为多媒体课件、多媒体软件，然后向学生提供“影响”“选择”“服务”“引导”。网络环境下的大学生心理健康教育工作要求大学生心理健康教育的师资队伍具有很强的信息意识和信息协作能力，将国内外先进的心理健康信息提供给学生，成为大学生心理健康信息的筛选者、咨询者、指导者、研究者，成为大学生心理健康的促进者。

2. 网络环境对大学生心理健康教育师资队伍信息知识的影响

传统的大学生心理健康教育信息知识多承载于有限的文字教材中，存放在图书馆内，信息源基本上由教育者垄断，教师只要拥有相应的大学生心理健康教育的知识、技能，就可以顺利开展大学生心理健康教育、教学和咨询工作。而随着信息技术、网络技术的蓬勃发展及其向教育领域的迅速渗透，大学生获取心理健康知识的信息源迅速由教师、图书馆转向了更加丰富、灵活、多媒化的网络，因此要求大学生心理健康教育者必须了解网络的体系构架、工作原理、传输技术等信息知识，熟悉网络环境中对大学生心理健康教育有益（害）的信息，熟悉网络环境下开展大学生心理健康教育常用信息技术手段的工作原理、信息表现的优缺点等。心理健康教育者只有既拥有大学生心理健康教育的知识，又拥有信息技术、网络技术知识，才能成功开展网络时代大学生心理健康教育工作。

3. 网络环境对大学生心理健康教育师资队伍信息能力的影响

网络使我们的心理健康教育空间变得更为宽阔、更为开放；教育场所由封闭的校园，变成了开放的互联网、虚拟空间；教育时间由教学计划的按部就班，变成了全天候的网络服务等，这极大地突破了大学生心理健康教育时空局限。网络使大学生心理健康教育的内容更加丰富多彩，立体灵活；网络资源的共享，使大学生心理健康教育的内容由教育者垄断，变成了任何时间、任何地点、任何人自由地平等共享；由有限教材、粉笔、黑板、身教，变成了通过网络在世界范围内吸纳优秀的文化遗产；互联网上大学生心理健康教育内容的呈现方式由线性的、平面的，变成了非线性的、立体的、多媒体性的灵活展现。那么，高校从事大学生心理健康教育的教师就要提高自身的信息能力，熟练操作各种信息工具，恰当、迅速而及时地获取和处理大学生心理健康教育的信息，向学生推荐积极有益的信息，发挥网上信息的效益，促进大学生心理健康发展，并且通过科学研究生成和创造新的大学生心理健康教育信息，充实到大学生心理健康教育科学文献库中去。同时，鉴于网络信息繁杂无序、良莠不齐，对此目前还无法治理的现状，只有靠大学生心理健康教育教师提高自身的信息道德素养和信息免疫能力，才能指导学生提高信息免疫能力。

（四）网络环境对大学生心理健康教育内容的影响

1. 教育内容的表现形式从平面化走向立体化

相对而言，一般环境下的大学生心理健康教育内容具有平面性的特点，静态内容居多，相对比较狭窄。进入网络时代，大学生通过互联网开阔了视野，丰富了生活，更加欣赏默契、雅致的交流方式和自主地选取所需的信息。所以，我们应充分利用网络来宣传心理健康教育内容。如：通过建立心理健康教育网站，对大学生进行心理健康知识的正面宣传和引导；开发心理健康教育软件，引进网上课堂；设立心理聊天室，及时解决大学生心理困惑；等等。网络大学生心理健康教育内容的表现形式更直观、更形象、更灵活，多媒体网络技术将大学生心理健康教育的内容以非线性的、立体的、多媒的方式灵活展现，大学生心理健康教育内容的形式从平面化走向立体化。

2. 大学生心理健康教育的内容更充实、更宽泛

传统条件下课堂教学、讲座、报告、咨询等提供给学生的心理健康教育内容是非常有限的，涉及面往往也相当狭窄，主要是针对学习方法、思想道德修养、择业就业等的一些指导。而网络环境中的心理健康教育内容则是海量的，涉及面更加宽泛：从纵向囊括了人的一生中要面临的各种心理问题；从横向涉及了大学阶段的学习、生活、情感、交往、择业就业等几乎所有问题。

3. 大学生心理健康教育内容的载体更先进

传统条件下大学生心理健康教育内容的载体主要是作为教材和教参的书本、教师的讲义、学生笔记等。而网络条件下大学生心理健康教育内容的载体则变成了专业网站、多媒体课件、多媒体软件、BBS、E-mail、微信、微博、抖音等技术先进的数据媒体，并且以文本、声音、图像、录像等形式立体化存储和显示。

（五）网络环境对大学生心理健康教育课程教学的影响

1. 大学生心理健康教育课程的教学手段要改革

运用多媒体课件、多媒体软件、网络虚拟课堂等技术，可以提高心理健康教育的形象性、时效性。网上心理健康教育具有形象丰富、图文并茂、声情融合、感染力强等特点，虚拟现实技术的应用，使大学生犹如身临其境。在形象、生动、直观的教育中，在大量的学习资料之间，再穿插大量生动、健康的娱乐内容，造成鲜明、清晰的视觉印象，使受教育者在十分轻松的心情下，自由地选择浏览对象，在主动探索、寻找新的视觉内容的过程中，潜移默化地接受教育者的观点，从而促进大学生主动地接受教育和实现自主教育。这大大提高了学习的有效性，其效果是传统教育方法所无法比拟的。因此，必须改革大学生心理健康教育课程的教学手段，把先进的多媒体网络技术整合进大学生心理健康教育课堂教学过程中。

2. 网络突破了传统的大学生心理健康教育课堂时空限制

网络没有时间、地理上的界限，使大学生心理健康课堂教学时间无限灵活、教学场所无限拓展，高校学生不必按传统方式在规定时间内到规定场所接受教育，而是可以在任何一个设有终端的地方随时获取所需的知识，听取老师的指导。大学生心理健康教育课堂时空由固定时间、固定教室，变成了随时随地、虚拟空间，因而大学生心理健康教育受益面无限扩大，由固定数量、固定人员变成了任何人。

3. 大学生心理健康教育课堂教学的信息量海量增加

多媒体课件、多媒体软件、网络虚拟课堂的信息量远远大于传统课堂教师提供的信息量。而且，多媒体课件、多媒体软件、网络虚拟课堂可以利用超链接随时引入网络海量的信息。与传统课堂相比较，同样是一节课，网络环境使大学生心理健康教育课堂教学的信息量能够海量增加。

第四节　基于网络环境的高校学生心理健康教育的具体策略

网络作为崭新的信息技术，与其他媒体相比较，具有信息量大、传播速度快、信息获取便捷，以及信息交流互动性、网络时空虚拟性、网络行为匿名性、共享资源丰富性、价值观念多元性等特点，为开展大学生心理健康教育带来许多优势。同时，互联网的内容良莠不齐，难以监控和筛选，而其超乎想象的刺激性和娱乐性，又极易使人上瘾，对大学生群体具有特殊的吸引力。大学生具有创造性强、接受新事物快等特点，但由于涉世不深、追求刺激、喜欢娱乐，自我控制力较弱。网络的特点和大学生自身的特点不但使他们成为互联网的极大受益者，也容易使他们沉迷于网络，在心理健康方面受到很大的负面影响。可以说，互联网对大学生来说是一把“双刃剑”。网络已经成为大学生活不可或缺的部分，网络对大学生心理健康有积极影响也有消极影响，如何利用网络特点和优势的积极影响、避免网络的负面影响，是制约网络时代高校大学生心理健康教育工作发展的关键所在。

一、基于网络环境的大学生心理健康教育策略研究

（一）基于网络环境的大学生心理健康教育原则

基于网络环境的大学生心理健康教育工作，应坚持以下原则：

1. 预防性

传统的心理辅导侧重矫治，这是一种被动、消极的方法。网络环境下我们应当更加强调坚持预防性的心理辅导原则。预防性原则目的是“防患于未然”，具体来说，应当在新生入学以后，对他们进行心理健康普查，建立心理档案，做到对心理问题的早期发现和预防，以及对心理危机的早期觉察和干预。面对网络环境的复杂多变，大一新生容易迷失、沉溺于网络，要特别加强网络使用的正确引导，大二、大三要抓巩固，大四要抓考研、就业指导等。同时，在新生入学后，开展有针对性的心理教育，并提供有效的心理适应方法。

2. 发展性原则

要以发展的观点看待大学生心理问题，大多是发展性的而非障碍性的。发展性原则的重点是教师有意识地为学生创造成功的经历，发展学生的潜能。要把大学生心理健康教育作为全体大学生心理发展的必需，而不能等到出现问题后才去做。网络环境的复杂多变使大学生心理发展变化更加复杂频繁，要随时跟踪出现的新问题、新动向，营造良好的网络环境，促进大学生心理健康发展。

3. 灵活性原则

在心理健康教育中，大学生心理健康水平存在明显差异，所以开展大学生心理健康教育要关注和重视学生的个性差异，要根据不同学生的不同需要采取不同的形式。在不违背心理健康教育基本原则的情况下，因人因时因地而异，灵活地应用各种教育理论和方法，

采取灵活的形式、灵活的步骤，灵活运用多种媒体工具，以求得到最佳效果。具体而言，对待不同的问题应选择不同的方法，不同的阶段实施不同的方法，不同的对象采用不同的方法。针对不同的问题、不同的阶段、不同的对象，选择不同的网络媒体、运用不同的网络工具。

4. 主体性原则

大学生心理健康教育的目的是培养大学生良好的心理素质，大学生是心理健康发展的主体。因此，在心理健康教育过程中，应充分调动学生参与教育活动的积极性和主动性。把他们作为主体，尊重他们的客观现实，调动他们的积极性，给他们以充分的理解和信任，尊重他们的人格，增强他们利用网络环境进行自我教育的能力。要让学生积极地面对心理健康教育，不断正确认识自我，增强调控能力挫折耐受能力、网络环境的适应能力，让一些心理有障碍的学生通过自主学习主动地配合心理咨询和心理辅导，尽快摆脱障碍，学会自我调节，提高心理健康水平，增强发展自我的能力。

（二）基于网络环境的大学生心理健康教育机构建设策略

1. 完善校级、院级、班级三级指导机构

大学生心理健康教育是一项系统工程，健全的工作网络，是优化大学生心理健康教育的重要组织保障。大学生心理健康教育的有效指导，有赖于校级心理健康机构、院系级心理健康组织、班级学生心理健康小组三级机构的完善。校级心理健康机构应由专职的教育工作者进行管理，组织协调校院系学科教师、德育工作者和医务人员等人力资源，通过对学生的辅导及心理训练活动，为学生提供有效的心理健康指导。院系心理健康组织，应由院系主管学生工作的领导和班主任、政治辅导员组成，在学校心理健康机构的领导下，有针对性地对学生的心理问题给予及时、必要的服务。班级学生的心理健康小组，应由志愿为同学服务且心理素质较好的学生组成，在与同学朝夕相处的学习生活中，给予那些需要心理关怀的学生以经常性的帮助，并能将有严重心理障碍学生的情况及时地向所在院系和学校心理保健组织与机构反映，避免学生由于心理健康问题而引发恶性事件的发生。

2. 建立全国性心理健康教育网络系统

通过建立全国性心理健康教育网络系统，形成心理教育的合力，成员间可以互通信息，相互合作。使那些未能开展心理健康教育工作的地区和学校的学生也能及时接受教育，解决他们所要解决的问题。

设立大学生心理健康网络教育机构，可以设在高校的网络教育学院，作为一个研究所与大学生心理健康教育中心协作，专门开展大学生心理健康网络教育，负责大学生心理健康网站教学、咨询、测验等，利用网络普及并推广心理健康教育。

（三）基于网络环境的大学生心理健康教育师资培训策略

1. 培训大学生心理健康教育专兼职教师、咨询师

开展网络环境下的大学生心理健康教育工作要求建设一支以少量精干专职教师为骨干，专业互补，专兼结合，结构多元，相对稳定的大学生心理健康教育工作队伍。高校要开设大学生心理健康教育专业，加强专职心理咨询师培训和资格认证工作，为高校心理健康教育培训高质量的专职师资，再由心理健康教育专职教师、专职咨询师对兼职心理健康教育工作者包括心理健康兼职教师、医生、班主任、辅导员等进行培训，不断提高他们从事心理健康教育工作所必备的理论水平、专业知识和技能。

2. 培训大学生心理健康教育工作者的多媒体网络技术

网络时代要求大学生心理健康工作者不仅具备心理健康教育的专业知识和技能，而且要具备熟练操作计算机网络、运用网络技术和网络软件的能力，自觉把网络技术整合到心理健康教育实践中，这样才能使心理健康教育更深入、更有效。没有熟练的网络知识技能就无法与学生对话，就无法开展网络心理健康教育。所以，应在大学生心理健康教育专兼职人员中开展多媒体网络技术培训，使其能够熟练地运用常用网络软件、工具，增强心理健康教育信息的表现力，进而提高心理健康教育的工作效率。

（四）基于网络环境的大学生心理健康教育途径

传统的高校心理健康教育主要通过两种途径来实现：一是依靠高校为大学生提供的心理健康教育课程、讲座、报告，二是依靠专职或兼职教师对大学生进行心理咨询。随着网络介入到高校心理健康教育中，它为传统的心理健康教育注入了全新的活力，使心理健康教育开辟出新的途径。

1. 创设网络心理健康教育

网络心理健康教育既是心理教育新的发展方向，也是一种专门的网络教育活动，它专门针对学生的网络心理问题进行防范和治疗。通过网络心理健康教育，引导学生正确认识虚拟世界与现实世界的人际关系，关注学生的内心世界和情感世界，使之构筑起现实社会与网络社会和谐统一的完善人格。通过网络心理健康教育，实现心理健康教育资源的集合与共享，全面加强大学生心理健康教育工作。

2. 新媒体渗透于传统心理健康教育

21 世纪心理健康教育方法的现代化包含两个方面的含义：一是心理健康教育过程的现代化；二是心理健康教育手段的现代化。充分利用网络信息资源，促使大学生心理健康教育方法的现代化，关键就是充分利用教育信息化的资源和优势，把信息网络技术充分运用、渗透到每一个传统的心理健康教育途径和环节中去，建立一种学校、家庭、社会、媒体四结合的大学生心理健康教育网络。21 世纪心理健康教育方法现代化改革的思路应紧跟教育信息化发展的时代步伐，在传统的大学生心理健康教育途径基础上充分利用信息网络资源和媒体技术，抓住机遇，扬长避短，充分发挥信息网络技术的优势，认真研究网络环境下大学生心理健康教育工作的特点和规律，积极探索进一步加强和改进大学生心理健康教育工作的新途径和新办法，全面推进素质教育。

（五）基于网络环境的大学生心理健康教育资源优化策略

1. 加快网络过滤技术研究，优化心理信息资源

要努力净化网络环境，抵制消极思想的渗透和影响，抑制低俗文化趣味和非理性文化倾向，引导网络文化气氛向健康、高雅的方向发展。在整个网络信息资源建设中，高校校园网和心理健康教育网站应成为最好的小环境之一，向大学生提供科学的、经过筛选的、优质的心理健康信息资源，并向大学生推荐绿色的心理网站。同时，要净化网络信息空间就必须对网络内容进行监控和过滤，加快对抵御信息污染能力的技术的研制和开发，包括开发和安装先进的过滤软件，对网络信息的内容进行审查和筛选，及时发现和剔除不良信息，减少信息欺诈采取多重信息保护措施，对网络上的非法信息进行屏蔽，确保高校心理健康网络信息的真实性、科学性、健康性。

2. 加强网络规范立法、净化网络环境

为了大学生的健康成长，全社会要倡导健康的网络文化氛围。高校要向大学生推荐绿色优秀网站，并积极营造良好的校园（网）精神氛围（物质环境、精神环境、制度环境），建立和完善高校校园网络有害信息监察制度。但是，要改变网络信息传递的无序状态及“黄赌毒”等丑恶现象泛滥的状态，制定网络法律才是当务之急，必须实施网络法制，依法打击网络犯罪、网络色情传播、网上暴力和利用互联网从事非法活动者，维护正常的网络秩序。

（六）大学生心理健康教育的网络服务策略

1. 建立校园网大学生心理健康与咨询管理系统

在高校校园网上建立大学生心理健康与咨询管理系统网站，综合进行网络心理健康教育，开通心理健康网络课堂，开展在线心理咨询、在线心理测验、心理健康电子档案管理等工作，提供面向全体学生普及大学生心理健康知识、心理测验和心理训练等教育服务。

2. 延长在线心理咨询服务时间

目前，高校在线心理咨询开放时间与学生课余时间不匹配。有的高校在线心理咨询只在每天晚上 8~10 点开放 2 个小时；有的只在每天上、下午各开放 3 个小时；极少数高校从早上 9 点到晚上 10 点开放。这样，在线心理咨询开放的时间与学生上课的时间并行，而中午、晚上和周末学生课余有时间咨询的时候，在线心理咨询却很少在这些时间段开放或者根本不开放。如此在线心理咨询形同虚设，起不到应有的作用。因此，应该安排人员在学生课余时间和周末时间在线值班，使在线心理咨询开放时段与学生课余时间段相匹配。

（七）基于网络环境的大学生心理健康教育课程教学策略

1. 系统开设大学生心理健康教育课程

大学生心理健康教育工作是一项系统工程，许多高校将它游离于课堂教学之外，仅开展课外咨询辅导，虽然零打碎敲地解决了一些问题，但受益面十分狭小。课堂学习是一种系统严密、循序渐进的学习，是大学生学习心理健康知识的主渠道。把心理健康教育纳入课堂教学体系，系统开设相应的必修课和选修课，并且积极开展心理训练，能够调动全体学生自我心理发展的自觉性和主动性，有助于学生集中、系统、全面地了解自身心理发展规律，掌握心理调节的方法，全面提高自我教育的能力。

2. 采用多媒体教学

采用多媒体教学技术，在课堂上充分运用电影、心理访谈、音乐、纪录片、电视录像等音频、视频材料，给学生较大的感官刺激，充分调动学生的学习积极性。更重要的是，多媒体课件里的超链接可通过各种搜索引擎随时切入网络庞大的信息库中，选取有价值的心理知识、心理理论、心理案例、心理测验、心理咨询等信息。通过多媒体教学，让学生明白网上不只有游戏、电影、QQ、E-mail 等，更有价值的是互联网上有取之不尽、用之不竭的包括心理健康在内的各种科学技术网站和学术期刊全文数据库等专业学术信息，从而引导大学生转变“上网就是打游戏、看电影、QQ 聊天、发邮件”的观念，把上网的主要精力和时间用在专业学习和增进心理健康上来。

3. 延伸到网络虚拟课堂

要充分发挥环境对人“潜移默化”的影响，营造良好的大学生心理健康教育网络环境，展开多种形式的网络心理健康教育。网络心理健康课堂应该成为网络心理健康教育新的发展方向，它整合了大学生心理健康教育的内容和多媒体网络技术的优势，可以系统地、集中地、秘密地解决某一类人的某一类心理问题，并突破传统课堂的时空限制，随时随地聆听、观看，且提供下载和反复观看，直到问题解决为止，非常便于学生的自主学习和心理健康的自主维护。

（八）基于网络环境的大学生心理健康知识获取策略

建构主义提倡在教师指导下的以学习者为中心的学习，既强调学习者的认知主体作用，又不忽视教师的主导作用。教师是意义建构的帮助者、促进者，而不是知识的提供者、灌输者，学生是信息加工的主体、是意义的主动建构者，而不是知识的被动接受者和被灌输的对象。建构主义为大学生主动获取心理健康知识提供了强有力的理论指导。

1. 基于问题的搜索

网络信息获取的快捷性、便利性特点，为大学生提供了大胆尝试、不断开拓、获得丰富心理健康知识的舞台。网络拓展了大学生的信息来源渠道，开阔了大学生的视野，扩大了信息量。学习者主要从在线的学习资源中获取信息，基本上可以在不与教师或其他学习者发生交流的情况下达到学习目标。面对互联网海量的信息，准确、快速获取知识的最佳策略就是基于问题的搜索策略，即从自己想要了解、想要解决的心理问题出发，在各种搜索引擎上输入问题关键词进行搜索，就能获得大量与问题相关的心理知识，再沿着问题发散出去，又能获得更多、更广泛的心理健康知识。

2. 网页浏览式搜索

要从互联网上获取有价值的心理健康知识信息，除了应用搜索工具采用基于问题的搜索策略外，另一个有效的策略是浏览知名高校校园网心理健康教育或心理咨询的网站。这些优秀网站上提供的丰富的心理健康知识足以支持四年大学生学习、生活之需，大学期间利用业余时间不断浏览并下载积累下来，对大学生心理健康大有裨益。

（九）基于网络环境的大学生心理健康的自主维护策略

心理健康，广义上指一种高效而满意的、持续的心理状态；狭义上指人的基本心理活动的过程内容完整、协调一致，即认识、情感、意志、行为、人格完整和协调，能适应社会，与社会保持同步。因此，开展大学生心理健康教育工作既要重视心理健康知识的传授，又要注重学生建构、维护心理健康之技能的培养。

“心病还得心药医”。心理问题的解决是一个积极的自我锤炼的过程，从这一意义来说，每个人都应该成为自己的心理医生。因此，我们要引导大学生加强自我保健，让他们成为自己的心理保健医生。在课外教育指导中，注意引导大学生主动参加“素质拓展”等多种社团活动，使大学生自我生存、自我调控、自我激励、自我发展和自我认知的能力不断得到提高，促进心理健康的自觉意识不断得到增强。开设系统的心理健康知识和心理训练课程，推荐优秀的心理健康网站，让大学生学会自我心理调适的方法，消除负性情绪的心理困惑。

参考文献

[1]刘爱华,王利华.高等职业教育公共基础课新形态一体化教材高校心理健康教育教程[M].北京:机械工业出版社,2022.01.

[2]杨惠.大学生心理健康教育理论与实践[M].武汉:华中科学技术大学出版社,2022.03.

[3]薛香.大学生心理健康教育[M].苏州:苏州大学出版社,2022.01.

[4]徐晓虹.中国基础教育高质量发展丛书心理健康教育改革[M].济南:山东友谊出版社,2022.02.

[5]郑安云,张文芳.高校心理健康教育发展40年[M].北京:社会科学文献出版社,2021.08.

[6]许国彬,陈国海.21世纪通识教育规划教材大学生心理健康教育[M].北京:清华大学出版社,2021.01.

[7]朱海娟,王莹,刘鹏飞.大学生心理健康教育指导[M].南京:南京大学出版社,2021.06.

[8]张洪英,王玉玲,刘欣.大学生心理健康教育[M].北京:北京师范大学出版社,2021.08.

[9]冉威.大学生心理健康教育[M].北京:科学出版社,2021.09.

[10]薛正金.当代大学生心理健康教育[M].南京:南京大学出版社,2021.08.

[11]朱婉儿,郭文刚.高校辅导员心理助人理论与实务[M].杭州:浙江大学出版社,2021.08.

[12]王慧.心理健康与自我成长[M].北京:电子工业出版社,2021.06.

[13]王振杰,刘彩琴,乔哲.大学生心理健康[M].北京:高等教育出版社,2021.05.

[14]陶剑飞,黄志凯.高等院校通识教育系列教材大学生心理健康教育与自我成长[M].北京:人民邮电出版社,2021.08.

[15]陈红,邵景进.名师名校新形态通识教育系列教材大学生心理健康教育[M].北京:人民邮电出版社,2021.08.

[16]甄晶,方苏.新编21世纪高等职业教育精品教材公共基础课系列大学生心理健康教育[M].北京:中国人民大学出版社,2021.07.

[17]郑晓生.融媒体版职业教育校企双元合作开发创新型教材大学生心理健康教育[M].北京:北京师范大学出版社,2021.01.

[18]蔡培培,陈桂香.大学生心理健康教育认知与体验第2版[M].北京:高等教育出版社,2021.07.

[19]桑爱友.高校大学生心理健康教育与发展研究[M].北京:九州出版社,2020.11.

[20]石晓帆.高校大学生心理健康教育研究[M].长春:吉林出版集团股份有限公司,2020.07.

[21]王刚,曹菊琴.大学生心理健康教育[M].北京:北京理工大学出版社,2020.09.

[22]王文科.大学生生命与心理健康教育[M].北京:北京理工大学出版社,2020.05.

[23]马立骥.大学生心理健康教育与实训[M].上海:上海交通大学出版社,2020.

[24]沈沛汝.大学生心理健康教育理论与实践[M].北京:北京航空航天大学出版社,2020.08.

[25]刘新民.大学生心理健康的维护与调适[M].合肥:中国科学技术大学出版社,2020.06.

[26]张秀娟.大学生心理健康教育[M].长春:东北师范大学出版社,2020.06.

[27]程静.大学生健康教育[M].重庆:重庆大学出版社,2020.07.

[28]杨鑫悦.网络时代高校心理健康教育的探索与实现[M].沈阳:辽宁大学出版社,2019.03.

[29]熊焰.基于网络环境的高校学生心理健康教育研究[M].北京:北京工业大学出版社,2019.03.

[30]蔡信强.高校大学生心理健康教育研究[M].哈尔滨:黑龙江教育出版社,2019.11.

[31]谢小蓉.高校大学生心理健康教育研究[M].长春:吉林教育出版社,2019.10.

[32]李慧.守护心灵高职学生心理健康问题探析[M].北京:中国书籍出版社,2019.09.

[33]薛洪涛.民办高校心理委员工作的建构与指导[M].燕山大学出版社,2019.07.